A.M.D.G.

origine et historique
du petit Séminaire
de Saint-Godard
(1845-1900)

# ORIGINE ET HISTORIQUE

DU

# PETIT SÉMINAIRE DE SAINT-JODARD

LYON, IMPRIMERIE M. PAQUET, RUE DE LA CHARITÉ, 46.

A. M. D. G.

*Maria sine labe Concepta Mater et Custos*

# PETIT SÉMINAIRE

DE

# SAINT-JODARD

(LOIRE)

Le premier fondé en France après la Terreur

(1795-1900)

*LYON*

IMPRIMERIE ET LIBRAIRIE M. PAQUET

46, Rue de la Charité, 46

1899

# PRÉFACE



*Le plus grand besoin de notre temps, on ne peut trop le redire, c'est d'avoir de saints et savants prêtres,* car les régions sont mûres pour la moisson : « Vide te regiones, quia jam albæ sunt ad messem, rogate ergo Dominum messis ut mittat operarios in messem suam. » *Priez donc le maître du champ d'envoyer des ouvriers. Or, c'est le prêtre seul qui est le véritable ouvrier de Dieu; c'est lui qui, à l'exemple du Sauveur, a le plus vraiment pitié de la foule,* misereor super turbam; *c'est lui qui a les paroles de la vie présente et de la vie future ; c'est lui qui se tourne vers le peuple pour lui donner le Seigneur et lui offrir la paix :* Dominus vobiscum, pax vobis; *c'est lui qui est seul à redire :* Sursum corda ! *alors que toutes les autres voix crient plus ou moins aux âmes :* « Mitte de deorsum. »

*« Chassez tous les prêtres de notre pauvre France, disait le saint Curé d'Ars, et dans vingt ans, la France sera retournée à l'état sauvage. »*

*Aussi l'Eglise n'a-t-elle rien de plus à cœur que le recrutement et la parfaite éducation de ses ministres, se souvenant que Jésus, pour sauver le monde, lui a donné son Sang, son Evangile et douze prêtres formés par Lui-même pour continuer son œuvre divine.*

*Honneur donc et reconnaissance à ceux qui concourent à la création comme à l'entretien et à la prospérité des grands et des petits séminaires, la vraie source du sacerdoce catholique dans le monde. Puisse Jésus, le seul prêtre vraiment Saint, Innocent, et plus élevé que les Cieux, puisse Marie, sa Mère, la Vierge-Prêtre, bénir leur œuvre et les combler eux-mêmes de leurs plus abondantes bénédictions !*

> « *Qui recipit prophetam in nomine prophetæ mcradem prophetæ accipiet.* »
> « Celui qui reçoit mon Envoyé parce qu'il est mon Envoyé, aura la même récompense que Lui. »
> (S. Math., X, v, 41).

# SAINT-JODARD

---



MONSIEUR ET VÉNÉRÉ SUPÉRIEUR,

Vous me faites l'honneur de me demander un historique de cette chère Maison de Saint-Jodard, dont le souvenir est resté pour moi, comme pour tous ceux qui y ont passé une partie de leur jeunesse, doux et réconfortant à l'égal du souvenir d'une mère. C'est donc avec un empressement tout filial que je répondrais à votre appel, si la tâche à laquelle vous me conviez ne se trouvait déjà aux trois quarts accomplie par le fait des documents qui accompagnaient votre lettre et que je viens de lire.

Je ne saurais, en effet, dire mieux ni plus que l'auteur, resté modestement anonyme, de la notice sur M. l'abbé Devis ; de même qu'il y aurait témérité de ma part à refaire la vie de M. l'abbé Gardette, après le récit attachant et complet que nous en a donné

M. l'abbé Perrin, alors professeur de rhétorique, dans les discours qu'il prononça à l'occasion de la distribution des prix, en 1865 et 1866.

MM. Devis et Gardette étant les fondateurs du Petit Séminaire de Saint-Jodard, leur existence se trouve si intimement liée à celle de cette Maison que raconter l'une c'est raconter l'autre, parler de celle-ci c'est parler en même temps de celle-là.

Or, je le répète, on ne saurait en parler avec plus d'autorité, d'énergique sobriété, de charme pieux, d'émotion communicative et d'exquise délicatesse que les auteurs des deux documents dont il s'agit.

Dans ces conditions, ne pensez-vous pas, Monsieur le Supérieur, que ces documents constitueraient le meilleur des historiques du Petit Séminaire de Saint-Jodard? En leur accordant la place d'honneur dans le présent recueil, on ne ferait que leur donner, semble-t-il, celle qu'ils méritent (1).

Mais si, pour ces motifs, je me récuse en ce qui se rapporte aux origines de Saint-Jodard, à ce qu'on pourrait appeler sans exagération les temps héroïques de ce petit séminaire, en revanche, permettez-moi de profiter de votre flatteuse insistance pour consigner ici, comme dans un tableau parallèle, quelques impressions et réflexions qui, quoique personnelles, sont certainement communes à tous les *Gildariens* et même, j'ose le dire, à la plupart de ceux qui ont eu le

---

(1) On trouvera ci-après ces notices consacrées l'une à M. Devis et l'autre à M. Gardette. Elles sont suivies de *Notes complémentaires* comprenant la période écoulée depuis MM. Devis et Gardette jusqu'à nos jours.

bonheur d'être élevés et instruits dans une maison religieuse.

Chacune de ces maisons, en dehors des grandes lignes de la règle, possède des coutumes particulières qui sont, pour la mémoire de l'ancien élève, ce que sont pour les yeux les fleurettes des champs mêlées à un bouquet de fleurs rares.

Ainsi en va-t-il, à Saint-Jodard, pour les petites vêpres de la Sainte-Vierge, que chaque dimanche soir les élèves actuels de ce petit séminaire chantent avec non moins d'entrain et de ferveur que leurs aînés de 1797 et de 1801, car cette pieuse coutume remonte à M. l'abbé Devis (1), c'est-à-dire aux premières années de Saint-Jodard — de Saint-Jodard qui se souvient d'avoir été bâti sous les auspices de la Vierge Reine du clergé, et où la dévotion à Marie est en honneur d'une façon toute spéciale.

Ce qui le prouve, c'est le chant des Vêpres et Complies du Petit-Office dont il vient d'être parlé; ce sont ensuite ces quelques minutes dérobées, matin et soir, à la récréation, prises sur les jeux, par les élèves, pour faire visite à l'autel de Marie, en hiver à la Chapelle, en été à la Madone du fond de la Terrasse; ce sont encore les touchants exercices du mois de mai devant cette Madone, les mardis et jeudis; l'inoubliable spectacle de tous ces jeunes gens groupés sous les nefs de verdure que forment les arbres de la cour, entourant

(1) Elle est l'accomplissement d'un vœu de ce prêtre zélé, au commencement d'un incendie qui menaçait de détruire le séminaire tout récemment construit. Marie exauça la prière du pieux fondateur, et l'incendie s'arrêta soudain.

le jardin de la Sainte-Vierge et célébrant les louanges
de Marie de leurs voix fraîches et sonores, soutenues
par les accords de la musique instrumentale.

Les ravissantes heures que celles passées dans ce
coin de terre, et comme on se les rappelle avec dé-
lices !

La piété ! telle a été, en effet, la caractéristique des
générations d'élèves qui se sont succédé à Saint-
Jodard, tel est l'héritage que ces générations se sont
transmis et qui est conservé avec un soin jaloux ; —
non pas une piété renfrognée, morose, étroite, mais
une piété douce, saine, robuste, qui trempe les carac-
tères comme un acier à l'épreuve des morsures du
monde et des tempêtes de la vie.

Saint Paul a dit de la vraie piété qu'elle est utile à
tout, *pietas ad omnia utilis est ;* oui, la piété est utile
pour former des chrétiens craignant Dieu, et des
Français aimant leur patrie ; la piété inspire et sou-
tient l'amour du travail ; j'ajoute qu'elle n'est pas
ennemie des jeux et de la gaieté et qu'on se tromperait
étrangement en imaginant la vie plus triste au petit
séminaire qu'au lycée, parce que la Religion y préside
à tous les exercices. Pour se convaincre de cette
erreur, il suffirait, n'est-ce pas, Monsieur le Supérieur,
d'entendre les belles envolées de rire qui emplissaient
jadis et qui emplissent encore le réfectoire de Saint-
Jodard quand vous accordez *Deo gratias*, c'est-à-dire
la permission de parler au lieu d'écouter la lecture
réglementaire ; il suffirait d'ouïr les interpellations
joyeuses qui se croisent, les exclamations allègres qui
retentissent sur la *Terrasse* ou *à la Terre* pendant les

parties de balles, de ballons, de barres ou de boules ; il suffirait enfin de constater sur tous ces jeunes visages la parfaite réalisation du : *Mens sana in corpore sano*.

Ce n'est pas le seul contraste qui existe entre l'éducation pratiquée dans les maisons religieuses et celle qu'on donne dans les établissements d'où la Religion est bannie.

Dans les maisons religieuses, les professeurs ne font pas leurs classes pour s'acquitter d'une corvée, mais bien pour remplir une mission. Ce ne sont pas des mercenaires vis-à-vis desquels on se tient pour libéré quand on a payé sa pension, mais des maîtres (dans le sens chrétien du mot) qu'on estime, qu'on aime et qu'on est toujours heureux de retrouver.

Le caractère sacerdotal imprime d'ailleurs aux rapports entre maîtres et élèves un cachet particulier non seulement de respect, mais d'affection paternelle d'un côté, filiale de l'autre.

Ainsi se peut expliquer la supériorité, même au point de vue classique, de la plupart des établissements religieux : quand on aime son professeur, on travaille avec plus de plaisir, plus d'ardeur et partant plus de fruit que si la crainte d'être puni est le seul mobile qui fait agir.

C'est de ce sympathique accord entre le maître et l'élève, c'est de l'union féconde de la Religion avec la Science que sont issues les phalanges de prêtres, de religieux, de missionnaires, dont on trouvera la liste à la fin de ce volume ; c'est de Saint-Jodard que sont sortis tant de chrétiens qui ont conservé vivaces, au milieu du monde, les enseignements du petit séminaire et qui, dans les sphères respectives où la Providence les a placés, servent de leur mieux l'Eglise et la France.

Fasse Dieu que longtemps encore la société reçoive de ces recrues ! Fasse Dieu surtout que s'enrichisse en s'allongeant la liste à laquelle je viens de faire allusion et qui constitue les principaux fleurons de la couronne de Saint-Jodard !

A la suite des lois perfides dirigées contre l'enseignement religieux et le recrutement du clergé, en présence des dangers de l'heure actuelle et des menaces de l'avenir, nos regards se tournent avec angoisse du côté de ces pépinières de lévites où les vocations croissent et fleurissent à l'ombre du sanctuaire; plus elles seront nombreuses, plus la joie sera grande dans le monde chrétien.

Pour son compte, Saint-Jodard ne mentira pas à l'attente des cœurs catholiques; son passé nous en est garant. Demain, comme hier, il fournira un précieux contingent au clergé diocésain, aux ordres religieux, aux missions étrangères...

Telle est la conviction d'un ancien élève de Saint-Jodard, heureux d'avoir pu dire à cette place le bien qu'il pense de l'asile béni où s'écoulèrent quelques-unes de ses meilleures années.

Je vous remercie, Monsieur et vénéré Supérieur, de m'avoir procuré le plaisir d'acquitter, en ce disant, une partie de la dette de reconnaissance que, comme tant d'autres, j'ai contractée autrefois envers Saint-Jodard, et, avec mes remerciements, je vous prie d'agréer l'hommage de mon respectueux dévouement.

JOANNÈS GUETTON,

*Elève de 1860 à 1867.*

# L'ABBÉ DEVIS

*Premier fondateur du Séminaire de Saint-Jodard.*

---

« *Mementote propositorum vestrorum qui vobis
locuti sunt verbum Dei, quorum intuenter exitum
conversationis, imitamini fidem,* »
(Hebr., XIII, 7.)

### NAISSANCE ET JEUNESSE DE L'ABBÉ DEVIS

L E fondateur du petit séminaire de Saint-Jodard naquit le 5 janvier 1760 de parents honnêtes et vertueux, à Neulise, au diocèse de Lyon. Il fut appelé au baptême Barthélemy et dans la suite Claude, du nom de celui qui l'avait présenté par procuration sur les fonts sacrés. Il manifesta, dès ses premières années, un naturel vif et ardent ; mais en même temps un caractère sérieux, un goût sensible pour la piété et un éloignement décidé pour les frivolités dont on amuse l'enfance. Une raison avancée de bonne heure lui faisait préférer à la compagnie des enfants de son âge, dont il dédaignait les folâtres amusements, celle des personnes plus âgées et plus instruites qu'il ne se lassait d'interroger dans ses entretiens solides. Dans la suite, il engagea souvent ses propres élèves à s'attacher à cette conduite qui l'avait préservé lui-même de bien des dangers, et qui lui avait été infiniment avantageuse. Son délassement favori consistait à dresser, dans la maison paternelle, un petit oratoire où il se plaisait à imiter les cérémonies religieuses, heureux penchant qui fut presque toujours le présage de la vocation au ministère de l'autel.

Ces premières marques ne tardèrent pas à se développer chez le jeune Devis.

Dès qu'il parut au catéchisme, on vit cet intéressant enfant se distinguer par une attention peu ordinaire, adresser des questions pleines de sens où il proposait ses petites difficultés, et sortir de là tout joyeux pour aller répéter à ses parents les explications qu'il avait retenues. Un jour, il entendit son père dire qu'il ne serait pas fâché de voir l'un de ses enfants se consacrer à Dieu dans l'état ecclésiastique. Cette parole fut, pour le petit Barthélemy, un trait de lumière. Le voilà à l'œuvre en secret pour essayer s'il est celui que la Providence destine à remplir les vues de son père ; il se procure un Rudiment à l'insu de ses parents et, tout en gardant son troupeau, il passe un an environ à l'étudier. Des dispositions si heureuses ne pouvaient échapper à la vigilance du vénérable curé de Neulise, M. l'abbé Coret, archiprêtre de Roanne, ecclésiastique aussi recommandable par ses lumières que par ses vertus. Il y avait longtemps que l'assiduité de cet enfant à servir la sainte messe, sa modestie à l'église et ses réponses au catéchisme l'avaient fait remarquer. M. Coret détermina sans peine ses parents à l'envoyer au collège de Roanne, où le jeune

Devis justifia bientôt l'idée que l'on avait conçue de lui. Sa douceur envers ses condisciples, son recueillement dans la prière, son application à l'étude, enfin sa fidélité au règlement attirèrent d'abord sur lui l'attention des directeurs. On le vit paraître un jour à demi rasé, ayant été surpris par le son de la cloche; ce singulier incident qui avait, au premier instant, provoqué la risée de ses camarades, lui valut ensuite les éloges de ses maîtres et l'estime générale.

De retour chez lui, en vacances, le sage enfant ne sortait guère de la maison paternelle que pour visiter son curé et entendre de sa bouche les leçons de l'expérience, et tous ses loisirs étaient employés à des lectures instructives.

Quand ses études inférieures furent terminées, M. Devis vint à Lyon suivre le cours de philosophie, et il passa de là au séminaire de Saint-Charles pour y étudier la théologie.

Les opinions nouvelles, connues sous le nom de Jansénisme et condamnées par l'Eglise, étaient alors en vogue, et quelques professeurs de théologie, engagés dans ses erreurs, cherchaient à y entraîner leurs élèves. Dieu préserva de cet écueil notre pieux jeune homme. D'un côté, l'autorité de ses maîtres et leurs raisonnements adroits et captieux faisaient impression sur son esprit, mais de l'autre les décisions du Saint-Siège bien connues le déterminèrent; il prit hardiment le parti de se prononcer simplement pour la foi catholique... Il a assuré depuis que dès lors il se sentit comme éclairé d'une lumière divine et tellement inondé de consolations que des larmes abondantes coulèrent de ses yeux. Dans le cours de ses études, sa foi et sa soumission à l'Eglise s'affermirent de plus en plus, et pendant toute sa vie il s'employa avec zèle à arracher ses frères aux pièges auxquels il avait échappé lui-même dans sa jeunesse.

Cependant le moment du sacerdoce approchait, et le fervent séminariste redoublait de piété et de recueillement : il tremblait à la vue du sanctuaire et à la pensée de la dignité du prêtre ; mais il brûlait du désir de gagner des âmes à Jésus-Christ et de communiquer aux autres les flammes divines de la charité dont il était rempli.

Ses condisciples, témoins habituels de la sainte ardeur qui l'embrasait, avaient coutume de l'appeler « *Tout de feu* ». Tous prévoyaient dès lors qu'il serait un jour l'un des plus infatigables ouvriers de la vigne du Seigneur.

M. Devis reçut successivement les ordres sacrés au Séminaire, des mains de Mgr de Vienne, évêque *in partibus* de Sarepte, suffragant et premier vicaire de Mgr l'Archevêque de Lyon, et enfin il fut ordonné prêtre le 21 mai 1785, veille de la Sainte-Trinité.

En sortant du séminaire, ce fut dans la paroisse de Saint-André-d'Apchon, à deux lieues de Roanne, que le nouveau prêtre vint, en qualité de vicaire, répandre les prémices de son onction sacerdotale. Là, il donna à son zèle tout l'essor dont il était capable et l'on en vit éclore des fruits surprenants. Il s'attacha surtout à renouveler la piété et à la faire régner parmi la jeunesse... Déjà se manifestait dans le jeune vicaire le don et l'attrait particulier qu'il avait reçus de Dieu

pour conduire les jeunes gens dans les voies de la
vertu. Il les aima toute sa vie et il commença dès lors
à mettre en œuvre tout ce qu'une charité ingénieuse
peut inventer de saintes industries pour gagner leur
confiance et pour les diriger sans effort. Comme un
fils aîné au milieu de ses frères, ou plutôt comme un
père entouré de ses enfants, il les charmait souvent
par des conversations simples et intéressantes. Il les
rassemblait les dimanches après Vêpres pour se mettre
à la tête de leurs jeux où il leur communiquait, sans
qu'ils s'en aperçussent, ses manières douces et aima-
bles, et par là, il les retirait des occasions dange-
reuses, de la fréquentation des amis pervers et de la
visite des cabarets. En un mot, il opéra en peu de
temps un bien extraordinaire dans cette paroisse, et
les traces en furent profondes. Aujourd'hui encore les
vieillards du lieu, au nom de leur ancien vicaire, sont
saisis d'un saint respect.

Mais bientôt M. Caquet, curé de Saint-Pierre de
Montbrison et natif de Saint-André-d'Apchon,
accablé de fatigues et d'années, ayant entendu parler
de la vertu et des succès de M. Devis, le demanda à
Mgr l'Archevêque et l'obtint pour vicaire... Il eut à
s'applaudir de son choix. A la première annonce de
sa nouvelle destination, l'abbé Devis sentit toute la
force des liens qui l'unissaient à la première paroisse
où il avait été envoyé ; ces liens semblaient d'ailleurs
se resserrer davantage par les marques unanimes et
touchantes du regret des bons habitants qu'il allait
quitter. Mais il avait entendu la voix de Dieu, il obéit
sans hésiter.

Aussitôt après son arrivée à Montbrison, son vénérable curé s'aperçut d'abord que ce n'était pas en vain qu'il avait compté sur lui. Visites des prisonniers et des malades, confessions, prédications, catéchismes, rien n'échappe au zèle et à l'activité du nouveau vicaire. Il semblait se multiplier pour suffire seul à presque toutes les fonctions du saint ministère. Ses instructions du catéchisme, qu'il avait le talent de rendre intéressantes, ramenèrent à l'église bon nombre de fidèles qui en avaient oublié le chemin. L'avenir de la France et de la religion le préoccupaient sans cesse. On ne pouvait se lasser d'admirer la manière ferme et précise et la clarté que le jeune théologien mettait à démêler les arguties et les sophismes des erreurs jansénistes, car on cherchait alors à les rendre familières dans ce pays éminemment catholique. Il n'exerçait pas avec moins de fruit le ministère du tribunal de la pénitence et l'on assure que sa direction était judicieuse, ses avis et ses exhortations pleines de foi.

### IL REFUSE LE SERMENT

Le moment de la persécution révolutionnaire était arrivé. Depuis longtemps M. Devis prévoyait avec les bons esprits l'orage qui grondait sur la France. Il parut même que Dieu voulut inspirer à son serviteur de plus vifs gémissements sur ce malheur en l'éclairant d'une lumière surnaturelle. Une nuit, il croit voir en songe des astres brillants qui s'élevaient à l'Orient et parcouraient les airs avec rapidité ; il s'éveille en sursaut, et s'écrie : « Nous sommes perdus, la foi quitte la France ! » Ce fut peu de temps après que l'Assemblée nationale décréta sous le nom de Constitution civile du clergé, les actes funestes, qui, rompant les liens de la communion avec le Saint-Siège, déchirèrent l'Eglise Gallicane par un schisme. Dès qu'ils parurent, M. Devis se déclara hautement contre cet attentat, et ne craignit pas de publier qu'il ne prêterait jamais le serment exigé. Ces généreuses protestations et la conduite ferme dont elles furent suivies, lorsqu'on vint à lui demander le serment, ne contribuèrent pas peu, aussi bien que l'exemple du digne M. Caquet, à affermir grand nombre d'ecclésiastiques du voisinage et à confirmer dans la foi les catholiques de Montbrison.

Les premiers demeurèrent presque tous soumis à la chaire de saint Pierre, et l'on connaît la conduite admirable des Montbrisonnais dans le cours de la Révolution.

Cependant les prêtres prétendus réfractaires, tolérés pour quelque temps dans leurs églises, reçurent défense d'y faire aucune prédication en attendant qu'ils fussent remplacés par les constitutionnels. Le zèle de M. Devis ne put rester inactif, et lui suggéra un moyen ingénieux de suppléer aux prédications. Pour ne pas laisser la chaire muette pendant tout le carême de 1791, il fit choix des passages de Bourdaloue sur la soumission, sur l'esprit de neutralité dans les contestations de l'Eglise, etc., et vint en donner lecture publique aux fidèles. Mandé devant les membres du district, il présenta le livre qui avait fourni la matière de ces lectures. Il fallut rendre hommage à la vérité et l'on n'osa encore le condamner.

Peu après, ne pouvant adresser une exhortation publique aux enfants qu'il venait d'admettre à la première communion, il les conduisit à la sacristie pour leur lire quelques lignes qu'il avait écrites. Il le fit avec tant de sensibilité et d'émotion, les terminant par ces mots touchants : « Qu'allez-vous devenir, mes enfants ! » qu'ils firent retentir la chapelle de leurs cris et de leurs sanglots. C'est ainsi que le fidèle vicaire préparait ses ouailles aux attaques du schisme et de l'iniquité.

Enfin M. Caquet et M. Devis durent céder à la force et se retirer avec la douleur de voir à leur place un faux prophète sans mission. M. Devis alla prendre logement chez le lieutenant général où il eut la consolation de célébrer quelque temps en secret les saints Mystères. Bientôt, en août 1792, le décret de déportation vint obliger les prêtres insermentés à quitter leur patrie et à aller chercher un asile dans les pays étrangers. M. Devis prit ses lettres de déportation et sortit de Montbrison en plein jour.

Mais à nuit close, il rentra dans la ville pour continuer à rendre à ses paroissiens et aux autres catholiques les services de son ministère devenu plus nécessaires que jamais. L'abbé Bonhomme, natif de Saint-Galmier et aumônier de l'hôpital de Montbrison, se joignit à lui. Ce vertueux ecclésiastique était revenu quelque temps auparavant, par les soins de M. Devis, des opinions Jansénistes qu'il avait d'abord embrassées de bonne foi, et il eut le bonheur l'année suivante de verser son sang pour la religion. Quant à M. Devis, il courut les plus grands dangers, mais il y échappa toujours miraculeusement. On sait quel était le sort des prêtres qui tombaient entre les mains des soldats républicains, chargés de faire les visites à domicile, de funeste mémoire. Ces forcenés s'acharnaient surtout sur les maisons suspectes par leur dévouement à la religion. Celle où logeait M. Devis ne pouvait être exemptée. Déjà l'escouade militaire s'en était emparée et le bon prêtre allait être saisi infailliblement, quand une personne de la famille communique à tout hasard le secret à l'officier qui ne paraissait pas partager les fureurs de sa troupe. Soit probité, soit qu'il fût flatté de cette marque de confiance, ce brave homme détourna les recherches et M. Devis fut sauvé. Privé de communications étendues et de toutes nouvelles, autres que celles des mesures atroces qui se succédaient rapidement contre la religion et contre ses ministres, et livré à ses propres réflexions, M. Devis craignit un instant que presque tous les prêtres fidèles n'eussent abandonné la France. Mille pensées affligeantes se pressaient tour à tour en son âme, mais elles ne parvinrent jamais à l'abattre. Que va devenir la foi catholique en France ! Faudrait-il à l'exemple de tant d'autres secouer la poussière de ses pieds et quitter une terre de malédiction ? Après un moment de méditation il ne balance plus à faire au Seigneur le sacrifice de sa vie. « Eh quoi ! disait-il, douze prêtres seulement, s'il en reste encore, en prêchant la religion ne pourraient-ils pas la sauver dans notre France, et en périssant eux-mêmes être pour leur patrie une nouvelle semence de nouveaux chrétiens. »

Toutefois, ne pouvant exercer assez secrètement le saint ministère en un lieu où il était fort connu, il résolut de découvrir quelque endroit où l'on manquât de secours spirituels. Une personne de confiance, envoyée à Saint-Étienne, lui apprit que cette ville commerçante et populeuse paraissait pourvue de moyens suffisants de salut, et que d'ailleurs elle offrirait peu d'asiles sûrs. Il tourna alors ses pensées vers Neulise, sa paroisse natale, et après y avoir fait deux voyages pour pressentir les dispositions des habitants, satisfait de l'esprit qui régnait parmi eux, et plein d'espérance, il vint s'y réfugier vers la Toussaint de 1793, emmenant avec lui bon nombre de personnes notables de Montbrison que leur condition distinguée et leur attachement à la foi exposaient aux plus grands dangers.

Ce fut dans sa famille même que M. Devis vint chercher pour lui et pour ses compagnons d'infortune un abri contre la fureur des révolutionnaires. Après avoir distribué sa petite colonie à tous ses parents, il établit chez l'un d'eux sa résidence habituelle d'où il sortait la nuit pour parcourir les paroisses environnantes. Aucun prêtre schismatique n'avait pu s'établir à Neulise, mais les bourgs voisins en étaient infestés. Balbigny, Saint-Marcel, Saint-Just, Croizet, St-Symphorien, Neaux, Vendranges, Saint-Cyr, St-Priest, Pinay, Saint-Jodard et quelques paroisses au-delà de la Loire, Saint-Paul, Saint-Georges où les pouvoirs de M. Devis s'étendaient aussi bien que dans tout le diocèse, offrirent à son zèle un champ d'une vaste étendue ; il l'arrosa de ses sueurs et elles ne furent pas infructueuses. Il n'omit rien pour affermir dans la foi ceux qui étaient demeurés fidèles ; mais il s'appliqua surtout à ramener dans le sein de l'Eglise ceux que leur ignorance ou leur faiblesse avait entraînés dans le schisme. Il trouvait dans la charité qui l'animait les ressources les plus heureuses pour triompher de toute résistance. Apprenait-il la maladie de quelques chrétiens égarés, il leur envoyait aussitôt une personne de confiance pour les avertir de sa visite, et on le voyait bientôt après, ayant bravé tous les dangers, entrer avec un air de joie et de bonté qui gagnait les cœurs à l'instant. Aussi arrivait-il rarement que ces infortunés mourussent sans avoir été réconciliés à l'Eglise et sans avoir reçu les derniers sacrements. A mesure que cette chrétienté fervente s'accrut, le zélé missionnaire donna une forme plus régulière aux exercices de religion qui s'y pratiquaient. Il désignait pour rendez-vous pieux des maisons dont les maîtres étaient fort connus par leur dévouement à la bonne cause, et il s'y rendait à certains moments convenus pour y célébrer les saints mystères, entendre les confessions, administrer le saint baptême aux petits enfants que l'on y apportait de toutes parts et de fort loin. Il établit dans les divers villages des hommes d'un courage et d'un zèle éprouvé pour conduire les catholiques aux assemblées que le missionnaire avait indiquées, et pour l'aller chercher au lieu de sa retraite et l'amener partout où l'on réclamait le secours de

son ministère. Ces pieux chétiens présidaient aux
réunions particulières du dimanche et en assuraient
la sanctification dans les hameaux éloignés de la résidence du missionnaire. Par eux, il distribuait aux
fidèles à qui il ne pouvait dispenser la divine parole,
une foule de livres composés en ce temps pour pré-
server les catholiques du venin de l'erreur et de la
crainte de la persécution. Quelques-uns d'entre eux,
faisant les fonctions de catéchistes, préparaient les
enfants à la première communion. L'infatigable abbé
Devis veillait à tout et semblait se multiplier pour se
retrouver partout. On eut dit que ses forces crois-
saient avec ses occupations. Il sollicita et obtint
d'étendre ses missions aux paroisses de Régny, Pra-
dines, Boisset, Saint-Vincent, Perreux, Montagny qui
dépendaient encore du diocèse de Mâcon. Dans une
seule nuit, il parcourut neuf paroisses, volant au
secours de ses malades. Pour cacher ses marches les
plus longues, il choisissait les sentiers impraticables
et l'obscurité des plus profondes ténèbres. Après avoir
erré dans des chemins inconnus, il arrivait enfin à
l'endroit où le troupeau fidèle l'attendait, au milieu
de la nuit, harassé de fatigue et couvert de sueur, et
incontinent il se mettait à confesser jusqu'à la sainte
messe, ou bien si le sommeil le forçait d'interrompre
son travail, il allait se prosterner devant le Saint-
Sacrement qu'il avait déposé dans un lieu décent, et
il sortait de là plein de force, assurant qu'il venait de
recouvrer aux pieds de Jésus toute sa vigueur et toute
l'activité de son esprit.

Si les fatigues et les travaux étaient innombrables,

les consolations ne l'étaient donc pas moins. Le saint prêtre nageait dans la joie à la vue de cette chrétienté digne des premiers siècles de l'Eglise dont il cultivait et enflammait le courage, et où il voyait germer les fruits abondants des grâces les plus singulières et des plus étonnantes vertus. Avec ces motifs d'encouragements, la Providence aussi lui ménageait de puissants secours. Sur la fin de 1794, il reçut avec des transports de joie inexprimables trois prêtres animés du même esprit que lui, qui étaient envoyés pour partager ses pieuses missions et ses périls et après avoir réglé de concert ce qui intéressait l'arrondissement de leur mission, ils se mirent à défricher ensemble le champ que le père de famille venait de confier à leurs soins. L'ennemi du salut ne put voir sans envie sa proie lui échapper au prix de tant de dévouement. Il réchauffa la rage des persécuteurs. M. Devis, le plus ancien et le plus actifs des missionnaires, fut signalé partout comme l'objet particulier des perquisitions révolutionnaires. Il n'y eut rien qu'on ne mît en œuvre pour se saisir de sa personne. Pour lui, jamais sa confiance en Dieu n'avait été plus vive, et quoique l'on suivît constamment ses traces, il n'interrompit aucune des ses courses évangéliques. Doué d'une agilité extraordinaire, il échappa constamment à toutes les poursuites. Néanmoins il courut quelquefois les dangers les plus imminents : « Tandis qu'il se préparait à dire la sainte messe à St-Symphorien-de-Lay, les patriotes cernent la maison qui leur avait été désignée, s'emparent de toutes les issues et pénètrent dans l'intérieur. A peine l'abbé a-t-il le temps de se dérober à leur vue ; plus prompt que l'éclair, il saisit le ciboire où est renfermé le Saint-Sacrement : muni de ce précieux trésor, il vole aux appartements supérieurs et va se réfugier en un coin inaccessible, mais où il courait risque d'être précipité du haut de la maison s'il eut fait le moindre mouvement. Pendant ce temps-là les satellites prennent le jeune homme qui portait les ornements, et s'abandonnèrent à une joie effrénée croyant avoir entre leurs mains l'abbé Devis lui-même ; celui-ci profite de leur méprise et passe devant eux pour s'enfuir. Ces misérables, reconnaissant bientôt leur erreur, se livrèrent à d'horribles profanations sur la soutane, la chasuble, le calice et le corporal, et traînèrent dans les prisons de Roanne le pauvre compagnon du missionnaire, qui eut pourtant le bonheur d'être relâché au bout de sept semaines. Les administrateurs du district désavouèrent ces dernières violences et poussèrent la délicatesse, chose singulière alors, jusqu'à faire rendre exactement tous les objets enlevés. Dès que la persécution paraissait se ralentir et perdre un peu du caractère de férocité qu'elle eut à diverses reprises, le missionnaire en profitait pour donner plus de publicité à ses démarches, et pour attirer un plus grand nombre de fidèles aux assemblées où se remplissaient les devoirs religieux. En 1795, il ne craignit pas d'établir une chapelle au bourg de Neulise devenu le centre de la mission ; mais les fureurs venant à se renouveler, il fallut encore s'ensevelir dans les ombres et braver de nouveaux périls.

Un dernier trait qui donnera une idée du sang-froid

de l'abbé Devis. En 1799, au milieu d'une nuit profonde, il célébrait les divins mystères dans une maison isolée de la paroisse de Neulise, quand on vint l'avertir que des hommes armés l'attendaient à la porte pour se saisir de lui. L'intrépide missionnaire plein de confiance en Dieu, recommande à ses fidèles la discrétion et la tranquillité, continue l'auguste sacrifice, donne la communion à un grand nombre de personnes, et finit par une exhortation touchante sur la charité. Puis il va se dépouiller des ornements sacerdotaux, et à la faveur des ténèbres, il sort avec ce bon peuple qui se presse autour de lui sans que les gendarmes venus pour l'arrêter et qui l'attendent, puissent le distinguer de la foule. Ceux qui ont eu le bonheur de le connaître et de l'approcher alors, savent que sa vie fut exposée en bien d'autres rencontres et toujours préservée par une infinité de circonstances qui tiennent du miracle. Rien cependant ne pouvait ralentir son incroyable activité. Elle allait souvent jusqu'à le faire accuser d'imprudence ; et quand, pour l'effrayer, on lui rapportait l'arrestation et le martyre de quelques-uns de ses confrères : « Ah ! disait-il, les larmes aux yeux, je n'aurai jamais ce bonheur, je vois bien que je ne suis pas digne de donner mon sang pour Jésus-Christ. »

### SES TRAVAUX

Un travail sans relâche succédait à ces marches périlleuses. L'abbé Devis ne suffisait pas à répondre à tous ceux qui venaient le consulter de plus de dix lieues à la ronde. D'un seul mot qu'accompagnait la grâce divine dont il était assisté, il les renvoyait touchés, contents et affermis dans la foi. Convaincu que le premier devoir du pasteur en ces temps malheureux était d'instruire les fidèles, il prêchait ordinairement deux fois à la Sainte Messe ; outre le prône de l'Evangile, il faisait avant la communion une exhortation sur la vive foi qui doit amener le chrétien à la sainte table, et sur les sentiments de désir et d'amour qu'elle doit produire en lui. Il parlait avec chaleur, et il était difficile en l'entendant de rester froid et insensible.

Il s'appliquait surtout dans ses prédications à mettre au jour la folie des schismatiques, et à prémunir les fidèles contre les maximes que leurs chefs faisaient débiter sous une forme capable de faire illusion aux faibles et aux ignorants.

Souvent il montrait avec clarté la nécessité de la succession apostolique pour la conduite du troupeau de Jésus-Christ, et par là l'intrusion des prêtres constitutionnels qui ne communiquaient pas avec le Saint-Siège.

Ses explications étaient toujours suivies d'apostrophes vives qui communiquaient aux auditeurs le courage dont il était rempli. « Si Dieu est pour nous, disait-il, qui sera contre nous ? » Il ne cessait de leur rappeler « que les persécutions, loin de nuire à l'Eglise, réveillent la ferveur de ses enfants ; qu'il ne faut pas craindre ceux qui ne peuvent faire mourir que le corps ; que Jésus-Christ rougira devant son Père de ceux qui auront rougi de lui devant les hommes. »

Il disait tout cela si pathétiquement que ses sentiments passaient rapidement dans l'âme de ses auditeurs, et qu'en sortant de ses instructions, ils auraient
tous donné leur vie pour la foi.

Simple et naturel dans sa diction, M. Devis savait
y conserver la noble dignité de l'Evangile. Sa voix
était forte et agréable, son ton et son geste très animés, et comme il était vivement pénétré des vérités
qu'il annonçait, et qu'il prêchait mieux encore par ses
exemples que par ses discours, il ne manquait jamais
de faire une vive impression partout où il se faisait
entendre. Sans chercher à faire preuve de talents, il a
montré ce que peut le zèle soutenu par la sainteté de
la vie.

Mais il s'appliquait surtout à catéchiser les enfants
et à les disposer à la première communion, et ses
efforts étaient toujours couronnés du plus heureux
succès. Après une retraite suivie, lorsqu'enfin le grand
jour était arrivé, au moment où il présentait le corps
du Sauveur à ses petits néophytes, il laissait couler
de ses lèvres un torrent d'expressions brûlantes qui
allaient remuer et embraser tous les cœurs. Alors
grands et petits tremblaient ensemble ou tressail-
laient d'amour à sa voix qui bientôt était étouffée par
les cris et les sanglots. Il aimait à entourer cette
grande cérémonie de toute la solennité qu'il pouvait
y donner, et à rendre nombreuses les réunions des
jeunes communiants. Il y en amena quelquefois de
plus de vingt paroisses différentes. On se rappelle
encore à Neulise celle qui eut lieu en 1795, pendant
qu'on laissait un peu respirer les catholiques. On y

compta près de quatre cents enfants. L'abbé Devis s'était donné toutes sortes de soins pour imprimer le plus grand éclat à cette fête qui attira tous les catholiques de ces montagnes, et ceux qui y prirent part furent au nombre de huit mille environ.

L'abbé Devis ne négligeait rien non plus pour assurer la persévérance de ces jeunes chrétiens et leur progrès dans la vertu, et pour attirer sur eux et à leur entrée dans le monde les bénédictions du ciel. C'est dans cette vue qu'il établit peu de temps après parmi les jeunes gens de l'un et de l'autre sexe l'usage de réciter les dimanches et les fêtes l'office canonial de la Sainte Vierge. Cette pieuse coutume passa bientôt de Neulise où elle avait pris naissance à St-Symphorien et à Saint-Jodard et en d'autres endroits où elle s'est maintenue jusqu'à présent. Quel spectale édifiant que de voir une fervente jeunesse accourir avec empressement pour chanter dans ces temps orageux les louanges de Notre-Dame Auxiliatrice des chrétiens affligés. Le danger auquel ils s'exposaient ne les empêcha jamais de se réunir. Le saint missionnaire avait su leur communiquer sa confiance en Dieu et son intrépidité. Pendant qu'un jour de dimanche, on chantait en son absence l'office de la Sainte-Vierge dans l'église de Neulise, des soldats de la République s'y étant introduits, la parcoururent tout entière, et se retirèrent sans dire mot, frappés de la modestie et de l'air de calme profond empreint sur tous les visages. Chacun était resté immobile à sa place, les chants n'avaient pas même été interrompus. On ne saurait dire tout le bien que produisit cette pratique de piété et combien d'âmes chancelantes elle affermit dans les voies du salut ; on peut aussi assurer qu'un grand nombre de conversions en furent la suite.

Quelque temps après, M. Devis fut adjoint à la mission de Saint-Albin et chargé, par MM. les Vicaires Généraux, de préparer à la réconciliation quelques prêtres qui avaient eu la faiblesse de prêter serment et qui désiraient se remettre sous l'autorité du Saint-Siège et de leur pasteur légitime ; l'humble missionnaire les accueillait avec une charité si tendre, les comblait de tant de marques de bonté et les traitait constamment avec tant d'égards, qu'à la honte de s'être présentés, succédaient bientôt en eux une confiance aveugle envers le directeur que la Providence leur avait ménagé et une joie indicible d'être rentrés dans le sein de l'Eglise.

## COMMENCEMENT DU PETIT SÉMINAIRE

Mais, hélas ! ce petit nombre de prêtres égarés dans les routes de l'erreur et ramenés par la bonne foi, après de longues épreuves, pouvaient-ils remplacer ceux que la mort avait enlevés à la religion et à leurs paroisses ou que la déportation avait dispersés dans des contrées lointaines ? Que deviendra le flambeau de la foi dans le vaste diocèse de Lyon, si l'on ne se hâte de venir au secours de cette antique Eglise, veuve de presque tous ses pasteurs ? Hélas ! cette lumière n'est elle pas à la veille de s'éteindre ? Plein de ces pensées, l'abbé Devis rassemble, en

1794-1795, quelques jeunes gens dont il était le directeur, en qui il avait remarqué d'heureuses dispositions à l'état ecclésiastique. Il leur faisait donner les premières leçons de la langue latine, les menait avec lui dans les missions, et il les employait dans les assemblées des fidèles comme catéchistes ou comme lecteurs, en attendant, disait-il, qu'ils pussent enseigner aussi eux-mêmes, au péril de leur vie, les vérités du salut dans leur propre pays ou les porter aux nations étrangères.

Cependant la tourmente révolutionnaire paraissait s'épuiser en France; quelques prêtres émigrés en profitèrent pour retourner à leur pays. Peu à peu les paroisses d'alentour recouvraient leurs pasteurs, et M. Coret, curé de Neulise, arriva au milieu de son troupeau en juillet 1796. La présence de l'abbé Devis n'y étant donc plus aussi nécessaire, il se rendit aux instances des habitants de la paroisse de Saint-Jodard qui depuis longtemps le sollicitaient de venir se fixer au milieu d'eux, et il partit, emmenant avec lui sa petite communauté, composée de cinq élèves. Elle trouva une retraite assurée et paisible dans le hameau même de Saint-Jodard, situé à l'écart et formé seulement de quelques maisons qu'habitaient des familles patriarcales. Il serait difficile de se représenter ce qu'ils eurent à endurer de privations, dénués de tout moyen de subsistance, dans une maison abandonnée depuis longtemps, déserte et entièrement dévastée. La Providence ne les abandonna pas; au reste, leurs besoins pouvaient être satisfaits sans peine : un pain grossier et des pommes de terre

faisaient toute leur nourriture. Dieu répandit tellement sa bénédiction sur cette école de jeunes confes-
seurs de la foi, qu'en peu de temps elle s'accrut d'un
grand nombre de jeunes gens aussi dévoués que les premiers compagnons de M. Devis. Il leur céda l'appar-
tement de la maison le plus commode ; pour lui, il se
retira avec quelques-uns d'eux dans un galetas ou
mauvais grenier exposé à tous les vents, où l'on montait par une trappe qu'il fallait refermer après le pas-
sage. C'était là que le pauvre Supérieur prenait son
repos sur une couche formée d'un peu de paille et
d'une méchante couverture. La chambre et le galetas
contenaient cinquante à soixante élèves, et le même
local servait tout à la fois de dortoir, de salle d'étude
et de réfectoire. Après le lever, chacun faisait dispa-
raître son lit et le disposait de nouveau le soir après
la prière. Cette gêne horrible et ce travail forcé
étaient interrompus quelquefois pour l'abbé Devis
par des courses apostoliques, et pour les élèves par
une fuite précipitée à l'approche des émissaires de la
République. Quand, après avoir parcouru les montagnes, il rentrait le soir excédé de fatigue et parfois
tout inondé de pluie, il rassemblait autour de lui ses
disciples pour examiner leur travail, ou, s'ils avaient
reçu leur leçon de quelques-uns des ecclésiastiques
qui secondaient le chef de la maison, celui-ci se contentait de leur adresser quelques paroles courtes,
mais vives et pleines de choses qui, comme autant de
traits enflammés, pénétraient ces jeunes âmes, et en
ranimaient à l'instant tout le dévouement et toute
l'ardeur. Ils vécurent de cette manière en paix

jusqu'au 18 fructidor (4 septembre 1797). C'est ainsi
qu'au milieu de la désolation générale, florissait dans
un coin obscur du diocèse de Lyon une communauté
fervente, dont les membres retraçaient la vie pure et
studieuse du moine, fuyant la barbarie du Moyen-Age
et goûtant une joie sans mélange en se préparant aux
sacrifices commandés par la perspective d'un affreux
avenir. La plus grande consolation de ces pieux étudiants était de pouvoir assister et participer aux
saints mystères, que l'on célébrait toujours au
milieu de la nuit pour échapper aux regards des
espions. Toutefois, et malgré toutes les précautions, un tel établissement ne put rester inaperçu,
et le village de Saint-Jodard, devenu suspect aux
autorités républicaines, eut à essuyer bien des fois
les visites et les avanies de leurs gendarmes.
Averti à temps de l'arrivée de ces troupes, le Supérieur mettait les provisions en lieu sûr, faisait prendre à chacun de ses élèves ses hardes et ses livres,
puis il fuyait avec eux et se réfugiait dans l'épaisseur
des bois. S'il était à craindre que le séjour de l'ennemi
se prolongeât, on emportait les vivres et les ustensiles
de cuisine, et l'on allait chercher l'hospitalité chez les
bons habitants du village. Ce qu'il y eut de plus admirable, c'est qu'à travers tous ces contre-temps, les
études et les exercices de piété ne furent jamais interrompus. Tel fut l'état du séminaire naissant de
Saint-Jodard tant que dura le Directoire. On est
étonné que cette maison ait pu se soutenir, assiégée
par tant de périls et d'incommodités. On doit l'être bien
davantage quand on songe que les accroissements

en devinrent si rapides, qu'en 1799 le Supérieur
se vit réduit ou à refuser les nombreux sujets qui
s'y présentaient, ou à entreprendre la construction
d'un nouveau bâtiment pour les recevoir.

Ce dernier parti semblait téméraire, toutes les ressources étant d'ailleurs épuisées. Ce fut pourtant celui
auquel il se décida, et voici comment la Providence
lui en ménagea les moyens.

### SA CONSTRUCTION

Au nombre des personnes dont M. Devis diri-
geait la conscience, il s'était rencontré dès son arrivée
dans le pays plusieurs vertueuses filles dont la cons-
tance et la foi avaient été souvent un objet d'admiration pour les fidèles. Elles sollicitaient depuis longtemps leur père spirituel d'obtenir en leur faveur
la permission de vivre sous la discipline d'une règle
approuvée par l'Eglise. Le prudent directeur, après
s'être assuré de leur persévérance, fit enfin part de
leurs dispositions à MM. les Administrateurs du
diocèse de Lyon. Ceux-ci, en applaudissant au dessein
de ces personnes pieuses, exprimèrent l'intention
qu'elles se dévouassent à l'éducation des enfants de
leur sexe et au soin des malades, en même temps
qu'elles se consacreraient à Dieu. Dès qu'elles reçurent l'autorisation si désirée, elles se hâtèrent d'effec-
tuer leur projet, quoiqu'il ne se trouvât pour les
réunir qu'un local étroit et malsain où elles eurent
beaucoup à souffrir. L'abbé Devis, voyant avec peine

leur position incommode, les engagea à acheter un terrain situé près de l'église et à y bâtir une maison du produit de leurs économies. La première pierre en fut placée le lendemain de l'Assomption 1800, circonstance favorable qui donna lieu de fonder l'établissement sous les auspices de la Sainte-Vierge. Aussi, cette Reine des vierges et du clergé fit descendre avec abondance la bénédiction divine sur un lieu destiné à être tour à tour un couvent et un séminaire. Les habitants et les élèves de Saint-Jodard y travaillaient généreusement et à l'envi, et dès la Toussaint les bonnes sœurs vinrent s'y loger. Enfin, les travaux en étant terminés, le Jeudi-Saint d'après, M. Devis bénit solennellement cette précieuse maison et y célébra la sainte messe en présence du collège et d'une grande partie de la paroisse. Ces heureux succès ne furent que le prélude d'une plus grande et sainte entreprise.

La communauté des étudiants augmentant toujours et souffrant des peines et des incommodités impossibles à décrire dans un presbytère resserré et destiné d'abord à ne loger qu'un prêtre, ce qui venait de se passer pour la construction d'une maison religieuse conduisit le Supérieur, comme par une inspiration divine, à méditer le projet de la fondation d'un séminaire. Mais où et comment ? Il avait appris à compter, dans ces temps d'épreuves pour la foi, sur la charité inépuisable et sur les généreux sacrifices. Il n'hésita point. L'emplacement sera le nouveau couvent lui-même, il ne s'agira que de l'agrandir, point de doute que les propriétaires n'en fassent l'abandon ; quant

aux ouvriers, ils ne manqueront pas. En conséquence,
il vient à Lyon avec M. Magdinier, chef de la mission,
présenter à l'approbation de MM. les Vicaires Généraux le plan d'un petit séminaire. Une telle démarche
dut étonner à une époque où l'on savait qu'il n'était
plus possible de se livrer à la sécurité ou à l'espérance dans les intervalles de repos que les persécuteurs laissaient aux catholiques, tantôt par lassitude,
tantôt pour s'acharner les uns contre les autres. Aussi
les vénérables Supérieurs, tout en louant le zèle de
leur missionnaire, ajournèrent la décision pour ne
pas réveiller la haine mal assoupie des républicains,
et causer un redoublement de fureurs et de vexations.
Pendant ce temps-là, chacun sur les lieux critiquait
le dessein de l'abbé Devis, l'accusait de témérité.
Affligé, mais soumis, le bon prêtre ne fut point dé-
couragé par tant de contradictions. Quand ses amis
lui témoignaient la part qu'ils prenaient à ces contre-
temps fâcheux, il se contentait de leur dire « qu'il
n'y avait pas de quoi s'étonner, que c'est au milieu
des contradictions que doit naître et se soutenir une
bonne œuvre, si elle est dans les desseins de Dieu
qui veut toujours montrer aux hommes qu'il ne leur
doit rien, qu'ils étaient eux-mêmes les témoins qu'en
ces temps malheureux la foi ne s'était soutenue et
affermie dans leurs montagnes qu'au travers des plus
grands dangers, et qu'après tout, les difficultés, loin
de rebuter, ne pouvaient qu'inspirer un nouveau courage ».

Mais enfin MM. les Vicaires Généraux envoyèrent
l'autorisation si ardemment sollicitée. Elle fut reçue

avec des transports de joie, et l'on se prépara à commencer au printemps. Les habitants de Saint-Jodard procuraient les matériaux qu'ils amenaient sur leurs chars à l'endroit où l'on bâtissait. Les élèves secondaient avec ardeur les ouvriers et leur servaient de manœuvres et même d'aides et de compagnons. On pourrait citer un bon nombre d'ecclésiastiques respectables qui se rappelaient avec plaisir que les livres et la truelle étaient tour à tour entre leurs mains. L'abbé Devis à la tête de sa communauté animait tout par son exemple. On eût dit une colonie longtemps errante et battue par la tempête, se hâtant de disposer le lieu de son asile et de son repos. A l'approche des troupes de gendarmes et de soldats républicains qui venaient renouveler leurs visites furibondes, on se retirait encore dans les bois et l'on reprenait ensuite l'ouvrage avec plus d'activité. Plus d'une fois même cette jeunesse ardente et intrépide, semblable au peuple de Dieu occupé à relever les murs de Jérusalem au retour de Babylone, quitta l'instrument du travail pour prendre celui du combat. On les vit de temps en temps laisser les murs du séminaire, et courir sur la route arracher aux escortes de gendarmes des prêtres conduits à la mort, ou bien aller dégager leurs provisions dont la force armée des patriotes s'était emparée, et souvent le Supérieur eut à faire sentir tout le poids de son autorité pour contenir leur impétueuse et bouillante ardeur.

Toutefois la piété ni l'étude ne souffrirent aucune atteinte au milieu de ces travaux et de ces distractions continuelles : les heures de la classe et de la prière n'en étaient pas moins réglées. Il semblait même que l'on s'y portât avec plus d'empressement et de ferveur. Souvent, après avoir travaillé tout le jour, on se rendait à l'église, après le coucher du soleil, pour y reprendre de nouvelles forces en chantant le petit office de la Sainte-Vierge.

## IL EST MIS EN PLEIN EXERCICE

Dans le cours de l'année 1800, le Supérieur, de concert avec M. Magdinier, chef de la mission de Sainte-Agathe, et avec les professeurs de la maison composée alors de cent élèves, proposa au Conseil archiépiscopal de terminer l'année d'études par une distribution de prix. Sa demande fut agréée et l'administration du diocèse voulut elle-même faire les frais nécessaires. Afin de donner plus d'éclat à cette fête scolaire, elle députa pour y présider deux de ses membres, MM. Linsolas et Devillers, auxquels se joignit M. Billet, vicaire forain de l'arrondissement. Ces messieurs en arrivant à Saint-Jodard éprouvèrent une joie égale à leur surprise, à la vue de cette nombreuse jeunesse parmi laquelle régnait une piété fervente, une union parfaite, une paix sincère. Le jour de la fête de saint Louis, la cérémonie de la distribution des prix fut précédée d'une messe solennelle chantée par les jeunes séminaristes dans l'église même de la paroisse. Les vénérables administrateurs du diocèse admirèrent en cette occasion, dans tous ces pieux élèves, le recueillement profond qui était au-dessus de l'âge de plusieurs d'entre eux. Avant de quitter Saint-Jodard, MM. les Vicaires Généraux eurent la satisfaction de sceller de leur assentiment les mesures prises pour transférer après les vacances le petit séminaire dans le nouveau bâtiment, plus vaste et plus commode. Les généreuses propriétaires en firent entre leurs mains la cession. Ainsi l'on put à la rentrée recevoir jusqu'à cent vingt étudiants, et mettre le Collège en plein exercice en complétant le nombre des classes. Ainsi fut fondé le petit séminaire de Saint-Jodard.

Il fallait tout le zèle et toute l'activité de M. Devis pour concevoir le projet d'une entreprise aussi hardie et pour l'exécuter avec tant de rapidité. Traversé à sa naissance par toutes sortes de contradictions, cet établissement, que nous croyons le premier de ce genre créé en France, est aussi un de ceux qui ont rendu le plus de services au diocèse de Lyon. Il a fourni à cette église un grand nombre de prêtres distingués par leurs lumières et par leurs vertus, il a fait naître les autres petits séminaires, il en a assuré les commencements et les progrès, en un mot il a donné l'impulsion à ce beau zèle pour l'éducation ecclésiastique par où le diocèse de Lyon, soudain relevé de ses ruines, s'est trouvé en quelque sorte à la tête de l'Eglise de France, et a pu envoyer tant de prêtres aux diocèses voisins et tant de prédicateurs de la foi aux missions lointaines. Eprouvé depuis par bien des malheurs, mais souvent délivré par la Reine du clergé qui y est spécialement honorée, il redevient encore florissant, grâce à la protection particulière dont l'honore Mgr d'Amasis, administrateur apostolique du diocèse de

Lyon, au zèle de l'un de MM. les Membres de son conseil qui fut à Saint-Jodard le successeur immédiat de M. Devis, et enfin à la charité des fidèles, et il se montre toujours digne de sa première origine.

Quand Dieu eut retiré à lui leur saint Directeur, il récompensa aussi les religieuses bienfaitrices du séminaire. Déjà consacrées au Seigneur par les désirs de leur cœur, elles désiraient s'engager par des liens plus solennels. Le 1er septembre 1803, elles reçurent le voile de sœurs de Saint-Charles des mains de M. Jauffret, alors premier vicaire général, depuis évêque de Metz, et dans la suite l'ancien presbytère où elles habitaient fut démoli pour faire place à une maison plus spacieuse et plus commode où cette édifiante communauté réside encore aujourd'hui.

### VERTUS DE M. DEVIS

Les travaux accablants d'un ministère périlleux et difficile, les marches forcées, le sommeil toujours interrompu et les veilles continuelles, l'incommodité du logement : voilà ce qui nous a montré jusqu'ici le pasteur zélé dans M. Devis ; mais les rigoureuses austérités qu'il y ajouta et les détails de sa conduite privée vont nous dévoiler en lui le saint prêtre.

Il portait sans cesse le cilice, il couchait sur la paille dans le réduit étroit et obscur du presbytère où il s'était confiné ; et quand on eut occupé le nouveau local, il prit pour lui la chambre la plus petite, ne voulant jamais user de matelas, et mit pour chevet une pierre sous sa tête. Il jeûnait tous les vendredis et plusieurs autres jours de la semaine. En carême, non content de la pénitence de l'Eglise, il ne prenait qu'un seul repas sur le soir. Il buvait peu de vin et, sur la fin de sa vie, il s'en abstint. Est-il surprenant qu'une vie aussi mortifiée, fléchissant la justice divine, ait attiré sur des travaux apostoliques de telles bénédictions qu'il semblait que rien ne pouvait lui résister ?

Aussi indulgent et plein d'égards pour les autres qu'il était sévère à lui-même, la vie dure qu'il menait, les contradictions perpétuelles qu'il essuya ne pouvaient jamais altérer la douceur de ses traits et l'aménité de son caractère. On n'aurait pas soupçonné qu'il fût né avec un naturel vif et ardent, s'il ne s'y fût abandonné sans réserve lorsqu'il croyait que la gloire du Seigneur était intéressée à des démarches ou à des réprimandes extraordinaires.

Il avait fait de rares progrès dans la pratique de l'humilité. Le louer, c'était le mortifier. Sa maxime était qu'il ne faut jamais louer personne en face. On le vit plus d'une fois, tête nue, demander pardon à ses disciples pour quelques reproches qu'il croyait leur avoir faits avec trop de vivacité. Un jour il enjoignit, en présence de la communauté, à un jeune élève d'aller se mettre à genoux. L'ordre fut renouvelé à plusieurs reprises, l'écolier résistait toujours. A la fin, l'humble Supérieur alla se mettre à genoux à sa place, et l'on juge facilement que l'enfant ne se le fit pas répéter. C'était aussi avec la candeur de l'humilité qu'il disait quelquefois à ses disciples assemblés : « Mes enfants, si, malgré ma résolution, j'avais jamais la faiblesse de prêter le serment condamné par l'Eglise, ne me suivez pas. »

Mais rien n'égalait la haute idée qu'il avait de la sainte vertu de pureté. Sa modestie, ses paroles, tout l'annonçait en lui. Il s'efforçait d'inspirer aux autres la plus vive horreur pour le vice contraire, répétant souvent « qu'en matière d'impureté tout est mortel, dès qu'il y a consentement ». Aussi portait-il une âme angélique dans un corps mortel, et l'on raconte qu'il avoua un jour à quelques-uns de ses élèves qu'à force de craintes et de précautions, il devait à une grâce particulière de la bonté divine de n'éprouver plus aucune tentation à ce sujet.

Il chérissait singulièrement la pauvreté dans laquelle il vivait. On conçoit que le soin de sa communauté le réduisait constamment à cet état. Le peu qui lui restait, il le partageait avec les malheureux, ou il s'en dépouillait entièrement pour eux. Tout respirait autour de lui cette vertu évangélique. Ayant demandé un jour vingt-quatre livres à emprunter à ses élèves pour payer une dette urgente, il s'en trouva un qui les lui prêta. On croit que c'était le seul qui fût en état de le faire.

Pénétré d'une tendre dévotion pour Jésus-Christ présent dans la Sainte Eucharistie, il n'omit rien pour l'inspirer à ceux qui l'entouraient. Ses courts loisirs, il les passait au pied des autels, c'était là qu'on allait le chercher lorsque quelque affaire exigeait sa présence. On le trouvait prosterné devant le Saint Sacrement, semblable à ces anges que l'Ecriture nous représente la face voilée de leurs ailes. Pour ranimer leur ferveur, ses disciples allaient l'y contempler. Il leur conseilla la lecture des *Visites au Saint-Sacrement*, du bienheureux Liguori, dont il se servait assidûment et qu'il appelait le trésor de la maison. L'exemple fut efficace. On vit en peu de temps cette pieuse jeunesse munie du livre précieux venir à l'envi, sur les traces de son Supérieur, rendre chaque jour ses hommages à Jésus-Christ et à sa sainte Mère, se presser autour de la table sainte et n'éprouver d'autre chagrin, dans cette maison de paix, que celui de se voir quelquefois éloignée du divin banquet.

Sa dévotion n'était pas moins vive envers la Mère de Dieu; il savait aussi l'inculquer à toute sa communauté. Aux approches des fêtes de la Sainte Vierge, il n'était personne qui, cédant à ses pressantes exhortations, ne se préparât à se mettre de nouveau sous la protection de la Reine du ciel. Tout dans ce lieu saint invitait à la confiance en Marie. Le séminaire s'était élevé sous ses auspices et lui était spécialement dédié. Le petit office s'y psalmodiait tous les jours, et y était chanté tous les dimanches avec une piété ravissante.

Maintenant encore, les étudiants de Saint-Jodard regardent la dévotion à la Sainte Vierge comme le plus précieux héritage que leur ait laissé leur premier Supérieur; ils chantent tous les dimanches l'office *de Beata*, et ils attribuent à cette respectable coutume la protection visible dont le ciel a favorisé ce bel établissement dans diverses circonstances critiques.

### SES DERNIERS MOMENTS

Déjà l'abbé Devis était entré dans la dernière année
de sa vie. Mais avant qu'il touchât à la fin de sa carrière, le Seigneur lui réservait une consolation, celle
de faire hommage d'un établissement destiné à per-
pétuer la foi dans le diocèse, au prélat qui venait de
renouer la chaîne des Pontifes légitimes de l'Eglise
de Lyon. Il fut accueilli très honorablement par
Mgr Fesch, qui le félicita sur son zèle pour le bien de
l'Eglise et qui lui accorda, avec quelques secours pour
son petit séminaire, l'assurance de sa protection spéciale. Ce fut à cette occasion que le serviteur de Dieu
vint au petit séminaire de théologie de la Providence,
dirigé par Messieurs de Saint-Sulpice, pour y visiter
ceux de ses anciens disciples qui se disposaient pro-
chainement au sacerdoce. On l'y reçut avec une vénération profonde, et l'air de sainteté et de pénitence
répandu sur tous ses traits fit sur les maîtres et sur
les élèves une vive impression.

Tant de vertus et tant de bonnes œuvres avaient
mérité leur récompense. La paix était rendue à
l'Eglise. Le petit séminaire, fruit de tant d'efforts,
prospérait. L'abbé Devis pouvait être dignement remplacé par les hommes respectables qui le secondaient.
Le Seigneur jugea son serviteur mûr pour le ciel. Les
macérations continuelles, les fatigues de ses missions
et de ses derniers travaux avaient altéré son tempé-
rament naturellement robuste. Malgré un invincible

catarrhe, il ne put se résoudre à quitter le confession-
nal pendant le carême. Bientôt il perdit ses forces, fut
obligé de garder le lit et tomba dans un dépérissement
total. Au milieu de ses souffrances qu'il supportait
avec une patience admirable, il ne cessait de renouveler le sacrifice de sa vie et l'acte de soumission aux
décrets de la Providence. Toujours uni à Dieu, la
prière et surtout le chapelet et les élans affectueux vers
le ciel occupaient son âme tout entière et remplissaient
ses journées. Ne pouvant plus lire son bréviaire, il le
faisait lire à haute voix auprès de son lit par un séminariste. Quant aux secours que réclamait sa position,
il semblait les oublier pour ne s'occuper que des
besoins de ses élèves, et pour s'informer encore de
leur état. En réglant ses affaires temporelles, il avait,
par reconnaissance, institué héritières du modique
bien qu'il laissait les donatrices du séminaire. Celles-
ci, luttant de générosité avec leur saint directeur, ne
tardèrent pas à tout céder pour le bien du petit séminaire.

Il reçut les derniers Sacrements avec sa ferveur
accoutumée, tandis que les assistants fondaient en
larmes. A la vue du saint Viatique, se levant de son
siège et se prosternant : « Voici mon amour, s'écria-t-il,
voici mon amour, l'objet des désirs de mon cœur ! »
mots qu'il avait tirés de son livre chéri des *Visites,* et
qui lui étaient devenus familiers. Puis il bénit sa communauté, sur l'invitation de l'ecclésiastique qui l'admi-
nistrait.

Ensuite, il ne songea plus qu'à consommer son
sacrifice et il expira doucement le 25 juin 1803, sur

les trois heures du matin, à l'âge de 43 ans. A cette terrible nouvelle, la désolation fut à son comble dans le séminaire et dans la paroisse. Les expressions de la douleur n'étaient interrompues que par les assurances données mutuellement que le saint prêtre était allé recevoir dans le ciel la récompense de ses vertus, qu'il prierait dans le séjour des Bienheureux pour ceux qu'il y conduisait sur la terre. Les funérailles furent célébrées avec un concours nombreux d'ecclésiastiques et de fidèles accourus des paroisses voisines, et l'église de Saint-Jodard ne suffit pas à contenir la foule. M. Magdinier (1), son intime ami et son conseiller, fit l'éloge de ses vertus. Son corps fut déposé dans l'église au milieu de la nef, près de la barrière du chœur. C'est là que sa famille lui a fait placer un modeste monument, et que les fidèles viennent implorer un protecteur par l'intercession de qui plusieurs se flattent d'avoir obtenu des grâces signalées.

L. A. J.

(1) Vicaire Général forain, chargé de la Mission de St-Albin (Sainte-Agathe-en-Donzy), pendant la persécution de 1793-1799.

# MONSIEUR GARDETTE

*Second Fondateur*

*« Justus meus ex fide vivit. »*
*« Mon juste vit de la foi. »*
(Hæbr. x, 38.)

A la cime d'une vallée qui se cache étroite et modeste dans les montagnes, et qui a pour horizon une ceinture de chênes et de sapins, près d'un ruisselet qui se promène tremblant à travers de maigres prairies, ou des champs de genêts et de bruyères, est assis, le visage tourné vers le sud, Villeneuve, petit hameau de Saint-Romain-d'Urfé. C'est là, dans un nid de verdure et de silence, que naquit M. Philibert Gardette, le 7 mai 1765. Il apprit à connaître et à aimer Dieu dans les bras et sur les genoux de sa mère, pieuse femme dont les exemples faisaient l'édification de la paroisse. Dès que l'enfant eut un peu grandi, il fut employé à garder les troupeaux. C'était par là qu'avait commencé saint Vincent de Paul, et l'on dirait que la Providence se plaît à choisir parmi les pasteurs des champs les pasteurs de l'Eglise.

Devenu bientôt orphelin, il retrouva la tendesse et les soins maternels dans l'affection d'une tante, et M. Coudour, alors curé de Saint-Romain, voulut lui donner les premières leçons de langue latine. Chaque jour, le jeune Philibert avait un trajet de plus de deux heures à faire pour aller à la cure qui était son école et revenir à ses moutons, qui lui tenaient lieu de condisciples. Tout en les surveillant, il épelait *musa*, et préparait son devoir. Son catéchisme et sa grammaire étaient ses seuls bons amis. Il fuyait les amusements de son âge, et déjà on l'appelait « *l'abbé de Dôle* » — Dôle était le nom du pâturage où l'étudiant menait son troupeau.

Le collège de Thiers le reçut en 1782; il y fit ses humanités et sa rhétorique. Il vint à Lyon étudier la philosophie et la théologie. En 1788, à l'âge de 23 ans, nous le trouvons installé dans la chaire de philosophie, à Clermont. Le jeune pâtre de Villeneuve avait marché rapidement dans la carrière de l'étude et du savoir, l'esprit de Dieu était en lui; le temps approchait où la vertu de cet esprit allait se manifester d'une héroïque manière.

Déjà dans le lointain roulaient les sourds murmures de la foudre, et sur l'horizon montait en grandissant un point noir qui présageait la tempête. Les Etats Généraux étaient devenus l'Assemblée constituante ; la Réforme était devenue la Révolution, et la Révolution allait devenir la Terreur. Dieu commençait à verser sur la France les grandes eaux de sa colère, et la France égarée se préparait à verser à flots les larmes et le sang de son roi et de ses prêtres. C'était l'heure des vaillantes âmes : M. Gardette n'y manqua pas. On lui conseille de renoncer au sacerdoce, qui n'avait plus pour perspective que des dangers et des épreuves : « Non, répond-il avec le ferme accent qui était dans l'habitude de sa parole, j'ai étudié pour être prêtre, et je veux à tout prix mourir prêtre. » Fuyant le baiser de Lamourette, archevêque schismatique de Lyon, il va recevoir l'onction sacerdotale des mains de Mgr Gallard, évêque du Puy; et pendant que le Pontife sort de la cathédrale avec son cortège de lévites, une escouade républicaine, entrant par une autre porte, vient, au nom de la loi, exproprier Dieu de son temple. M. Gardette est au comble du bonheur : il est prêtre et il aura à souffrir. Le hameau de Villeneuve fut sa première paroisse, et une chambre de la maison paternelle fut sa première église.

A cette époque se rattachent deux traits dont l'un peint au naturel l'horreur de M. Gardette pour le mensonge, et dont l'autre montre, en action, la foi vive et intrépide des populations de la campagne, surtout dans ce moment lugubre de notre histoire.

Un matin, caché sous un vêtement laïque et grossier, le proscrit s'occupait d'un travail de basse-cour. Soudain, apparaissent des soldats patriotes qui, croyant parler à un domestique, lui demandent avec brusquerie s'il ne sait pas où est un calotin nommé Gardette. Le calotin, qui voulait sauver la vérité et sa tête, met la main dans la manche de son habit, et répond naïvement : « Il n'a pas rien passé par là !... » Les soldats, eux, passèrent plus loin.

Un autre jour, dans une maison de la paroisse des

Salles, il causait, assis au coin du foyer. Une personne accourt en criant : « Voici les républicains ! » M. Gardette n'a que le temps de grimper sur une poutre transversale, à l'intérieur de la cheminée, et il se blottit là, au risque d'être asphyxié. Les soldats entrent, et, après avoir questionné la mère de famille, qui leur fait des réponses évasives, ils s'adressent à l'enfant, d'une dizaine d'années, et ils lui demandent où est le prêtre caché chez eux. L'enfant garde le silence. « Eh bien ! nous te couperons la tête, si tu ne parles pas. » Et, tirant leur sabre, ils le lèvent sur le petit garçon qui reste toujours muet. A la vue du fer qui brille, la mère s'élance, et se plaçant entre son fils et les bleus, elle leur dit : « Vous ne le tuerez qu'après m'avoir tuée. » — « J'étais déjà en train de descendre de ma cachette, racontait plus tard le saint abbé, et j'allais pousser le cri de Nisus : *Me, me, adsum qui feci*, lorsqu'un des brigands, sans doute par une grâce spéciale de la Providence, dit à ses compagnons : « Il n'y a rien à faire par là. En route, mes amis. »

« Ils s'éloignèrent. Je sortis de mon trou. Je m'agenouillai entre la mère et l'héroïque enfant, et tous les trois, de tout notre cœur, nous remerciâmes le bon Dieu. »

Peu après, M. Gardette quitta Villeneuve, qui n'était plus un asile, et alla dans les montagnes de l'Auvergne, profiter de l'hospitalité que lui offrait un noble dévouement. Il n'y fut pas à l'abri de la trahison ; sa passion devait débuter comme celle du divin Maître.

Comme le divin Maître, il se présente aux agents

qui étaient à sa poursuite, et le 6 décembre 1793, tandis que le marbre vivant d'une chair publique remplaçait l'hostie du tabernacle à Notre-Dame de Paris; tandis que la guillotine, dressée aux quatre coins de la France, faisait rouler par milliers les têtes de ceux qui restaient fidèles à leur Dieu et à leur roi, l'ancien *abbé de Dôle* entrait en prison. Au mois de mars 1794, il était transféré à Bordeaux, puis au mois de décembre définitivement installé avec 750 prêtres sur les pontons de Rochefort.

Imaginez un entrepont de vaisseau, partagé par un mauvais plancher en deux étages chacun de deux pieds et quelques pouces d'élévation.

Imaginez sur ce plancher et au-dessous quatre à cinq cents hommes vêtus de haillons, couverts de vermine, le corps tout en plaies, entassés côte à côte, serrés au point de ne pouvoir se coucher sur le dos, entrelacés des jambes et de la tête, de manière à ne pas laisser vide le plus petit espace, et enterrés ainsi dans cette espèce de tombeau, chaque soir, pendant l'été même, treize ou quatorze heures de suite, selon le caprice de l'officier de garde. Pour respirer l'air pur, il n'y avait qu'un seul guichet, dont les prisonniers s'approchaient tour à tour. Leur nourriture se composait d'un peu de pain et d'eau. Aucune distraction ne leur était permise. On leur avait tout ôté, papiers, plumes, livres, bréviaires. Ils ne pouvaient pas même, à l'exemple des Juifs captifs au bord des fleuves de Babylone, chanter leur infortune, pas même réciter à haute voix une prière. L'un d'eux pourtant, et probablement M. Gardette, avait eu la patience de ramasser les feuillets des bréviaires déchirés et jetés sur le pont, et d'en former un petit volume qui contenait le psautier. C'était un trésor soigneusement caché qui passait de mains en mains aux heures, bien rares, où l'on pouvait échapper à l'œil impitoyable des geôliers.

Voilà quelle était la vie sur les pontons. C'était le martyre avec des tortures plus longues et moins glorieuses aux regards de la terre. C'était la mort lente, mais horrible, mais inévitable, si le jour de la délivrance tardait à se lever. Nos principaux ports étaient devenus, par la grâce de la Révolution, des succursales de l'enfer. Mais la foi en faisait d'invisibles paradis, et plus nombreux que les bourreaux étaient les anges, attentifs à un spectacle qui les forçait à l'admiration.

*⁎*

M. Gardette ne parlait jamais de cette époque de sa vie. Il ne répondait même pas, ou bien il répondait d'un ton qui ne permettait pas d'y revenir, aux questions qui lui étaient adressées à ce sujet. Nous ne saurions donc rien des angoisses et des souffrances de sa captivité, si l'histoire, instruite par d'autres bouches, n'avait pris soin de les buriner en traits immortels, pour la honte des bourreaux et la gloire des victimes. 750 prêtres étaient arrivés à Rochefort avec l'abbé Gardette ; 250 seulement vivaient encore lorsque, le 12 mars 1795, ils quittèrent leur prison flottante pour être rendus à la liberté. Notre vaillant

confesseur de la foi, après deux mois passés à l'hôpital de Limoges, et trois ou quatre mois à la Praderie,
son lieu de refuge en Auvergne, rentra à St-Romain,
où il lui fallut réparer les ruines d'une santé profon-
dément altérée.

Sans montrer encore au soleil son front ruisselant
des fatigues et du sang des combats, l'Eglise de
France reprenait haleine et, du sein des catacombes,
elle entrevoyait la prochaine aurore d'une triom-
phante résurrection. Mais que d'autels, que de tem-
ples à relever ! que de vides à combler dans les rangs
du sacerdoce ! que d'âmes à ramener à Dieu des pro-
fondeurs du crime ou du schisme !

La même pensée, la même inspiration qui était
venue du ciel au cœur du vénérable Devis, alla trouver à Saint-Romain le déporté de Rochefort. Sans se
connaître, sans soupçonner l'avenir, ils conçurent le
même dessein, ils entreprirent la même œuvre, cette
œuvre qui devait entourer leurs noms d'une impéris-
sable auréole. Voilà donc M. Gardette maître d'école
à Saint-Romain-d'Urfé, comme M. Devis l'était à
Neulise. Les voilà entourés de quelques pauvres enfants, auxquels, avec l'art des déclinaisons et la syn-
taxe des règles, ils s'efforçaient de communiquer
l'esprit sacerdotal, et qui seront les premiers arbres
d'une sainte et féconde pépinière.

Saint-Jodard devait être le confluent providentiel
de deux âmes si dévouées à l'Eglise et si ardentès
pour le bien. Un jour de l'année 1798, la petite communauté de M. Devis se leva avec le visage et le cœur
en fête. On lui avait annoncé, la veille, la venue d'un

bataillon de jeunes frères qui allaient presque la doubler. Les bras étaient ouverts pour les accueillir. Ils arrivèrent tout poudreux d'une course de cinq heures, et, à leur tête, marchait gravement leur professeur, dont la pâle figure et la taille voûtée marquaient de récentes et cruelles souffrances. M. Devis embrassa, avec une tendresse mêlée de respect, le coadjuteur que lui envoyait le ciel. C'était un apôtre qui embrassait un martyr ; et tous, maîtres et élèves, agenouillés au pied du tabernacle, entonnèrent le Cantique : *Ecce quàm bonum et quàm jucundum habitare fratres in unum !* Le séminaire de Saint-Jodard s'appuyait désormais sur l'alliance de la foi et du dévoûment ; et cette alliance promettait des fruits, qui ne trompèrent pas l'attente des travailleurs.

M. Gardette, chargé de la classe de philosophie, seconda de toutes ses forces et de tout son zèle notre vénérable fondateur dans les fatigues et les difficultés multiples environnant le berceau d'une œuvre importante. Et quand la volonté de Dieu appela au repos éternel M. Devis, on put dire, avec l'auteur de l'Ecclésiaste : « Le père est mort, et c'est comme s'il n'était pas mort, car il a laissé derrière lui un autre lui-même : « *Similem enim sibi reliquit post se.* » M. Gardette était admirablement préparé au lourd fardeau que la mort de son saint ami laissait sur ses épaules. Les rudes épreuves qu'il avait traversées, et où avaient éclaté sa patience et son courage, les études sérieuses qui avaient rempli tous les instants de son loisir, la pratique de toutes les vertus sacerdotales, l'habitude du dévouement, l'amour du sacrifice,

la passion du bien, une nature qui, sous une appa-
rence froide, lente et austère, cachait des trésors
d'activité, de sagesse et de suave bonté, voilà ce que
le second supérieur de Saint-Jodard apportait comme
titres à la confiance qui remettait entre ses mains la
maison créée par M. Devis. Cette confiance fut justifiée, fut dépassée dans ses prévisions.

*
* *

Les huit années qui s'écoulèrent jusqu'à 1811
furent huit années de prospérité et de bénédictions
pour le séminaire nouveau-né. Le nombre des élèves
monta de 150 à 200. Les constructions s'achevèrent,
les classes se régularisèrent, les études reçurent une
plus forte impulsion, la discipline fleurit plus que
jamais, la piété animait tout de son souffle céleste.
M. Gardette était l'homme du conseil et de l'exemple;
la prière et le travail se partageaient ses journées qui
s'allongeaient par les veilles de la nuit. Sa vie fut des
plus simples, mais des mieux occupées. Rien ne lui
semblait petit de ce qui intéressait la gloire de Dieu
et le bien de la jeunesse confiée à ses soins paternels.
On disait de lui que c'était un *savant modeste et un
rude saint*. Ce témoignage nous est venu du respectable M. Brut, curé d'Ampuis (1869), alors professeur de rhétorique à Saint-Jodard, et qui, sans le
vouloir, en ne pensant que caractériser son cher supérieur, s'est peint lui-même en deux traits fidèles.

Saint-Jodard prospérait donc sous l'habile direction de l'abbé Gardette. Mais des jours mauvais

approchaient ; d'indicibles douleurs allaient atteindre,
non plus le corps, mais l'âme du saint prêtre. Il était
condamné à voir balayer par le souffle, non pas de la
Révolution, mais du despotisme, son plus doux
amour, ses plus douces espérances.

**

Vers la fin de 1811, alors que Pie VII expiait à
Savone le glorieux tort de n'avoir pas incliné la Tiare
devant l'épée du conquérant et le caprice du réforma-
teur, deux nouvelles, deux coups de foudre retentis-
saient au milieu de la communauté de Saint-Jodard.
Les petits séminaires devaient, par ordre impérial, se
transformer en collèges universitaires, ou bien se
fermer. La Société de Saint-Sulpice étant supprimée,
M. l'abbé Gardette s'en alla à Lyon, portant au fond
de son âme le deuil d'une maison qui lui était une
patrie, une famille. Habitué cependant à compter sur
la Providence, il ne désespéra pas de l'avenir, et l'avenir lui tint parole, nous le verrons.

Il n'entre pas dans notre cadre de consacrer un long
récit aux trente-six années que M. Gardette passa au
séminaire de Lyon, d'abord comme directeur, ensuite
comme supérieur. Cette partie de son histoire est
écrite dans des souvenirs qui fleurissent sur tous les
points du diocèse.

Les deux tiers du clergé l'ont eu pour père et pour
*forme* dans le sacerdoce ; ils ont vécu quelques-uns
de leurs plus beaux jours sous son regard et près de
son cœur. Ils se rappellent cet homme petit et mince,

à la marche grave quoiqu'un peu saccadée, à la voix
nette et claire, quelque peu bégayante, au geste si
rapide et quelque peu pittoresque de la main et surtout de l'index, au visage encadré dans une large clé-
mentine, visage anguleux, bistré et respirant par tous
les traits la victoire de l'âme sur les sens, à l'œil vif et
scrutateur, qui, ordinairement baissé, se relevait parfois et lançait des éclairs. Ils se rappellent ce prêtre
si simple, si peu soucieux du dehors, toujours le premier à tous les exercices, ne vivant que pour la règle
et le devoir, laissant le monde à ses affaires, à ses
plaisirs, à ses intrigues, à ses révolutions, et concen-
trant toute son activité, toutes ses pensées, toutes ses
études, toutes ses forces dans ce but unique et sacré
pour lui : Donner à Jésus-Christ et à l'Eglise de saints
et vaillants ministres. Ils se rappellent cet abord un
peu rude et sévère qui n'effrayait plus celui qui avait
une fois pénétré dans cet intérieur tout resplendissant
de miséricorde et de tendresse. La fleur ne livrait pas
à tout vent ses parfums ; ils en étaient plus suaves.
Ils se rappellent cette parole si sage, si claire, si
méthodique, si théologique, nourrie des saintes Ecri-
tures, si habile à donner le meilleur conseil et la
meilleure décision. Ils se rappellent cette existence
héroïque dans sa simplicité, féconde dans son unité,
visant au bien, jamais au bruit, toute à la prière, au
silence, aux sacrifices, à Dieu et aux âmes. Avec le
nom, avec la figure de M. Gardette, ils se rappellent
cette vieille maison de la Croix-Pâquet, ces noirs
corridors, ces étroites cellules, ces étroites allées
d'arbres, cet étroit horizon, remplacé aujourd'hui par

un horizon sans limites et par un quasi palais, où le corps certainement sera mieux, mais où le cœur ne sera pas plus content, ni plus sacerdotal.

*
* *

Oublions maintenant M. le Supérieur du Grand-Séminaire de Lyon, et occupons-nous du second Supérieur de Saint-Jodard, resté après 1812, et jusqu'à sa mort, le bienfaiteur, la providence, le chef, sinon nominal, du moins véritable de cette chère maison qu'il aimait comme s'il l'eût enfantée.

En 1814, les quelques élèves dont la vocation n'avait pas fait naufrage dans les eaux de l'enseignement universitaire, purent revenir à Saint-Jodard, où M. Briéry, curé de la paroisse, les reçut dans un local devenu, hélas! trop grand pour la trop petite communauté. Elle ne tarda pas à multiplier, sous la bénédiction de Dieu et sous la direction de celui qui en avait recueilli les épaves après la tempête. Pourtant on était loin des beaux jours de 1810. M. Gardette versait des larmes au souvenir d'un passé pour le maintien ou le retour duquel il aurait donné jusqu'à la dernière goutte de son sang. Il attendait, un regard fixé sur Saint-Jodard et un regard tourné vers le ciel. Avant de l'exaucer, le ciel lui ménageait une nouvelle épreuve, non moins amère et plus accablante peut-être que les précédentes.

Le Séminaire avait été réorganisé sur ses premières bases et placé par l'autorité diocésaine sous l'administration de M. Briéry, qui pendant douze ans en avait gardé la responsabilité personnelle. M. Briéry était curé de Pinay et fut remplacé par M. Bessaire, curé de Saint-Romain, en 1826. La rentrée de 1827 s'était faite nombreuse, et l'on était content.

Le 27 novembre, à 7 heures du matin, le cri : « Au feu ! au feu ! » fit bondir tous les élèves qui venaient de commencer l'étude. Et, en même temps, de noirs tourbillons de fumée, poussés par un impétueux vent du Nord, enveloppèrent la maison d'un lugubre manteau. Les efforts furent impuissants à maîtriser la flamme. A peu près tous les bâtiments construits sous M. Devis furent consumés avec leurs meubles et les effets des jeunes gens. Ces derniers partirent en vacances.

Ce n'était pas le riant soleil et la joie du mois d'août.

L'incendie n'avait épargné que la partie Sud du Séminaire, d'une construction toute récente et encore inachevée.

Qu'on juge de l'immense douleur de M. Gardette à l'annonce d'un désastre aussi complet qu'inattendu ! Presque plus de maison, plus d'élèves et point de ressources. Je me trompe, il lui restait son cœur et sa foi. Avec ces ressources-là, on fait des miracles. Le séminaire de Saint-Jodard est l'œuvre de Dieu ; il le faut, puisque la malice des hommes et celle des démons s'exerce contre lui ; donc, en avant : *Non ego sed gratia Dei mecum*. Dans une âme de la trempe de notre saint prêtre, prendre une résolution, c'est quasi l'avoir exécutée ; il était de ceux que les impossibilités humaines attirent, loin de les faire reculer.

Quinze jours après l'incendie, les élèves sont rappelés, et M. Briéry avec eux. Environ quatre-vingts sont admis et logés à tort et à travers, en attendant que l'aile du bâtiment échappée au feu devienne habitable, et qu'une autre aile surgisse du côté du Nord, réunie à la première par un plan vaste, régulier et commode.

Mais il faut de l'argent, ce nerf des constructions aussi bien que de la guerre. M. Gardette se fait quêteur pour Jésus-Christ; il adresse, en suppliant, un appel au clergé de Lyon; à ceux de ses membres surtout qui s'étaient assis sur les bancs du séminaire de Saint-Jodard. Il leur demande de l'aider à relever une maison dont les malheurs ne doivent trouver indifférent nul cœur sacerdotal. Il va lui-même, toutes les fois que ses occupations le lui permettent, recueillir les aumônes grandes et petites que la charité verse dans ses mains. Lui, d'ordinaire si timide, si réservé, si avare de paroles et d'avances, le voilà qui prodigue ses pas, ses lettres, ses instances, ses démarches; rien ne lui coûte, rien ne le rebute. — «Mais, Monsieur le Supérieur, lui dit un jour, avec un ton de doux reproche, Mgr de Pins (1), votre cœur ne bat que pour Saint-Jodard. — Mon Dieu ! mon Dieu, Monseigneur, répondit-il avec une spirituelle bonhomie, il ne bat pas monnaie ! »

Eh si, il battait monnaie. Cent mille francs ramassés presque sou par sou vinrent faire oublier les pertes de 1827.

(1) Archevêque d'Amasie, administrateur du diocèse de Lyon pour le cardinal Fesch, qui vivait exilé à Rome.

Les ordonnances d'avril et de juin 1828, la révolution de juillet 1830 entravèrent, ralentirent, mais n'arrêtèrent pas les progrès de l'infatigable M. Gardette. Que lui importaient, à cet homme de bien, les événements d'ici-bas, les agitations de la terre, les *va* et *vient* de la politique? Mieux que le juste d'Horace, il pouvait soutenir le choc de l'univers tombant en ruines. Il ne voyait au monde que quatre choses : Dieu, l'Eglise, le séminaire de Saint-Irénée et celui de Saint-Jodard, qui était comme le Benjamin de sa patriarcale tendresse.

Le 29 novembre 1835 fut un jour de fête pour vos devanciers en ces lieux, chers élèves. On bénit solennellement la maison et la chapelle, qui venait s'asseoir au milieu, toute neuve et toute riante. Un gai carillon s'échappa de ce modeste dôme que vous avez sous les yeux, et qui parlait pour la première fois. Les notes d'un vibrant *Te Deum* lui répondirent dans l'intérieur du sanctuaire. Les fronts chantaient comme les poitrines. M. Gardette était là, ému jusqu'au fond de ses entrailles. Cette cérémonie n'était-elle pas le baptême de l'enfant de sa charité?

Jeunes amis, qui m'écoutez avec un intérêt que ne rend pas trop impatient la vue de ces vertes couronnes et de ces jolis volumes, permettez-moi une réflexion : Ce séminaire où vous avez grandi sous les deux ailes de la science et de la piété, ces murs qui ont abrité les jours d'or de votre adolescence, qui ont été les témoins, les confidents de vos jeux, de vos francs rires, de vos luttes sans fiel et de vos triomphes sans larmes, avez-vous jamais songé que chaque pierre de cet édifice avait été une aumône, un acte de foi et de souvenir ? Avez-vous jamais songé que ces murs avaient eu pour principal architecte le dévouement ? Ah ! sans doute, vous pouvez appeler de vos vœux le jour où la main du pasteur de ce diocèse vous fera cadeau d'une demeure plus spacieuse et moins pauvre ; mais d'ici à ce temps, que nos désirs aiment à ne croire pas trop éloigné, ne rougissons pas de notre humble petit nid : il a donné à l'Eglise d'illustres évêques, de vaillants missionnaires, de saints prêtres ; à la société des hommes qui l'honorent, l'édifient et la servent ; à nous — et qui oserait me démentir ? — il a donné le bonheur, et le bonheur n'habite pas toujours les palais.

*<br>* *

L'avenir de Saint-Jodard était assuré : les élèves étaient nombreux, le local, pour le moment, était assez commode et, peu à peu, il s'entourait d'une ceinture de jardins, de prés et de terres. M. Briéry, démissionnaire en 1828, avait été remplacé par M. l'abbé Gaspard Gardette, petit-neveu un peu gâté, dit-on, de M. le Supérieur de Saint-Irénée. Il méritait, du reste, la confiance sans limite et l'affection presque sans bornes de son oncle. C'était l'homme bon par excellence, c'était le père de famille dans toute la vérité du mot. Une mort prématurée le coucha dans la tombe : *Dilectus Deo et hominibus.* Ces quatre paroles résument sa vie. On aurait dû les graver sur le marbre qui recouvre son cœur déposé dans notre chapelle.

Pendant les quinze années qu'il eut la direction de la Maison de Saint-Jodard, Gaspard Gardette fut moins Supérieur que mandataire et exécuteur fidèle des volontés de son oncle. Il ne prenait aucun parti de quelque importance sans le consulter ; il le tenait au courant des moindres choses, des moindres détails, des moindres incidents. Il lui parlait fourrage, pommes de terre, tout comme livres et études. De Saint-Jodard à Lyon allaient les embarras, les peines, les besoins, les demandes : de Lyon à Saint-Jodard arrivaient les lumières, les consolations, les secours : aujourd'hui un sac d'écus, demain un calice, des ornements pour la chapelle, des tableaux pour le réfectoire, des volumes pour la bibliothèque, un fourneau pour la cuisine. C'était une incessante télégraphie mise en mouvement par l'amour ; et la Providence ne manquait jamais de répondre à l'appel. Une fête se célébrait au Séminaire : c'était une première communion, c'était la distribution des prix ; l'oncle arrivait au galop de son cœur. Ici mieux qu'ailleurs, il était chez lui, il s'abandonnait à une joie presque enfantine. Ce petit monde, c'était sa petite famille. Il riait d'aise en la voyant babiller, rire et sauter. Il ne reculait même pas devant une partie de boules. L'air de Saint-Jodard avait le privilège d'épanouir son âme et son corps.

*<br>* *

Cependant la vieillesse était venue avec son cortège d'infirmités ; plusieurs de ces infirmités avaient pour date d'origine le séjour sur les pontons de Rochefort.

Vers 1840, M. Gardette résigna la charge de Supérieur de Saint-Irénée, et il ne se réserva que la liberté de donner jusqu'au bout l'exemple de toutes les vertus. Il continua d'être ce qu'il avait toujours été : *Forma gregis,* et il suffisait de le voir pour se sentir porté au bien. Obligé de garder la chambre et souvent le lit à cause de l'enflure de ses jambes, il priait, priait sans cesse. Il ne se plaignait pas. Je me trompe : il se plaignait de ne pouvoir observer la règle, et plus d'une fois il fallut un ordre pour l'empêcher de se faire transporter là où le devoir appelait les autres :

« Ah ! Messieurs, disait-il une nuit à des élèves qui
« le veillaient, non, ne désirez pas venir à mon âge,
« on ne vaut plus rien ; chaque jour vous ôte quelque
« chose de vital, c'est le cas de parler comme saint
« Paul : *Quotidiè morior.* » Et puis il ajoutait : « Je
« souffre beaucoup, mais la pensée du ciel soulage ;
« elle est le baume souverain. »

C'était une sainte, incessante et émouvante prédication que la vue de ce vieillard dont le corps était affaissé sous le poids de la maladie, mais dont l'esprit était debout, et dont l'âme restait calme, sereine, patiente et douce. La mort ne lui avait jamais fait peur, il l'avait ambitionnée dans sa jeunesse sacerdotale, alors qu'elle lui apparaissait rayonnante des splendeurs du martyre. Il la voyait maintenant venir comme un gain, comme le légitime salaire que le travailleur attend après les dures fatigues de la moisson. Ah ! il n'eût pas refusé de travailler encore, et volontiers il eût dit avec saint Martin : « Seigneur, si je suis encore nécessaire à ce peuple petit et grand, que

vous m'avez confié, je consens à vivre. » Mais n'avait-
il pas accompli son œuvre ? N'avait-il pas combattu
les bons combats ? N'avait-il pas consommé sa course ?
La couronne qu'il allait recevoir, il l'avait bravement
méritée par soixante ans passés au service de Dieu et
de ce que Dieu aime le plus ici-bas, l'Eglise.

Sur ces entrefaites, le canon du 28 février 1848
retentit à Paris ; un trône était par terre, une royauté
fuyait en exil, et la République était proclamée une
seconde fois. On cacha ces événements au vénérable
malade. Le mot de République aurait réveillé dans sa
mémoire de trop lugubres souvenirs, et on redoutait
une secousse qui aurait pu lui être fatale.

Le dimanche de Pâques arriva. Les séminaristes
durent aller déposer dans l'urne nationale un vote,
premier essai du suffrage universel. M. Gardette, at-
tentif, même dans son lit, à tous les exercices de la
Communauté que lui annonçait la cloche, n'entendit
pas sonner la grand'messe à l'heure ordinaire. Son
amour de la règle fut alarmé. Il questionna tant et si
bien qu'il fallut lui avouer que les élèves, au lieu d'être
à la chapelle, étaient à l'Hôtel-de-Ville : « Que la volonté de Dieu soit faite ! » il ne répondit que cela, puis
il reprit ses oraisons jaculatoires qui étaient sa con-
versation non interrompue avec le Ciel.

Jusqu'au dernier jour, malgré ses 83 ans, il garda
la lucidité et la fermeté de son intelligence. On venait
auprès de lui s'édifier et recueillir quelques-unes de
ces saintes et fortes paroles qu'on emportait comme
un parfum de cette âme éminemment sacerdotale. Le
nom de Saint-Jodard montait souvent de son cœur à

ses lèvres; il aimait qu'on l'entretînt de cette chère maison et rien, comme cette image, n'était propre à ramener sur son front pâle et ridé un sourire qui semblait une trêve à de cruelles douleurs.

Enfin, le 16 août, après avoir par deux fois reçu le saint Viatique, après avoir béni ses deux familles, celle des bords du Rhône et celle des bords de la Loire, il s'endormit dans la paix du Seigneur et dans le baiser du Crucifix, qui ne quittait presque pas ses mains.

Le diocèse entier versa des larmes à la nouvelle de cette mort qui lui enlevait une des ses lumières, un de ses modèles, une de ses gloires.

On accourut en foule à ses funérailles, on eût dit des enfants accompagnant un père au lieu de son dernier repos. Les pleurs qui étaient dans tous les yeux, les regrets qui étaient dans toutes les bouches, l'émotion qui était sur tous les visages formèrent une décoration, une pompe qui valait bien le luxe orgueilleux dont le monde fait étalage au convoi de ses grandeurs devenues, hélas! des néants au contact de la tombe. Saint-Jodard était en vacances dans ce moment, mais ses murs n'entendirent pas sans un douloureux frémissement résonner cette parole : « M. Gardette est mort!... »

Il était mort, c'est vrai, mais il vivait là-haut, et Dieu, en couronnant ses élus, leur laisse le pouvoir d'aimer et de protéger du haut des cieux ce qu'ils ont aimé et protégé sur la terre.

****

Tel est le récit abrégé de cette longue et sainte existence, commencée dans la simplicité des champs, continuée dans l'étude, dans la captivité et le martyre, dans le travail, la régularité, le dévouement et l'immolation, terminée dans la souffrance, l'humilité et le suave abandon aux mains de Dieu. Un historien n'a pas cru devoir faire, de l'un des princes qui ont gouverné la France, un trop grand éloge que de dire : « Ce fut un roi. » Et nous, nous ne saurions mieux résumer cet essai biographique qu'en disant de M. Gardette : « Ce fut un prêtre. »

Ajoutons au pas de course quelques faits, quelques détails qui n'ont pu trouver ailleurs une place convenable. Comment pourrait-on passer sous silence cette respectueuse, mais tendre amitié qui l'unissait à Mgr de Pins ? Ils se confessaient l'un l'autre, et c'était l'archevêque d'Amasie qui se rendait dans la modeste chambre de l'humble et pauvre Supérieur.

Un bon curé demandait un jour à Monseigneur des reliques pour son église : « Attendez, monsieur le Curé », lui fut-il répondu, en présence de M. le Supérieur, et en souriant : « Quand M. Gardette sera mort, je vous en donnerai. » Cette parole traduisait, sous une forme innocemment plaisante, une profonde et sincère vénération pour le saint prêtre.

M. Gardette, lui aussi, en dépit du masque sévère que la nature avait mis sur ses traits, ne redoutait pas, ne fuyait pas les douces joyeusetés et les malices

inoffensives. Ce qui excitait surtout sa verve, c'était
la prétention qu'a notre âge de valoir mieux que ses
aînés et le dédain qu'il affecte pour tout ce qui n'est
pas éclos à son soleil, et qu'il appelle des vieilleries.
« Nous sommes du siècle des lumières », disaient un
jour des séminaristes pendant une récréation. « Oui,
répliqua M. le Supérieur, nous sommes du siècle des
lumières, mais le diable porte la lanterne. » Que
dirait-il aujourd'hui que la lanterne est devenue bec
de gaz? (1).

Deux vertus entre toutes ont distingué M. Gardette : la régularité et la mortification : *Qui regulæ
vivit Deo vivit*. Il eût inventé cette maxime si elle

---

(1) On nous permettra d'ajouter ici une anecdote qui nous a
été racontée par un témoin et qui peint admirablement la bonté,
la simplicité et la présence d'esprit de M. Gardette.

Un jour, à cette époque de troubles et de révolution qui en-
sanglanta par deux fois la ville de Lyon (1832 ou 1834), il gra-
vissait paisiblement et non sans peine, à cause de ses rhuma-
tismes, la montée de la Grand'Côte.

Passe un ouvrier à mine farouche, descendant en sens
inverse. M. Gardette croit le reconnaître et lève son chapeau
devant lui. L'ouvrier s'arrête et l'interpelle d'une voix brutale:
« Calotin, je ne t'ai pas salué ! — Eh bien, moi, mon ami, répli-
que doucement M. Gardette, moi, je vous ai salué ; et si c'était
à refaire, pourquoi ne recommencerais-je pas? Ne sommes-
nous pas tous frères ? »

L'ouvrier, stupéfait, regarde alors plus attentivement ce bon
vieillard courbé et souriant, et toute sa colère, si mal justifiée,
s'évapore. Il se confond en excuses: « F... curé, lui disait-il, vous
m'avez retourné le cœur ! » Il voulait remonter la Grand'Côte
avec lui et l'accompagner jusqu'à la Croix-Rousse, par crainte
de quelque autre mauvaise rencontre. M. Gardette ne le permit
pas ; il se contenta de lui donner son adresse, en le priant de
le venir voir.

L'ouvrier le promit ; nous ne savons s'il a tenu parole.

J.-M. V.

n'eût pas été déjà séculaire dans la pratique des Saints. La règle n'était pas seulement un devoir pour lui, c'était un besoin, une espèce d'instinct. Du matin au soir, il n'avait pas de plus grande préoccupation que celle d'observer le règlement. Il ne transigeait guère sur ce point : *Regularum apprime tenax*. Ainsi parle son épitaphe, et l'on citerait difficilement une plus heureuse expression. Quant à l'esprit de sacrifice, il avait, selon une belle et juste pensée, occupé toutes les puissances de son âme. De bonne heure cette âme avait épousé la Croix ; elle fut fidèle dans son amour..

M. Gardette se plaisait à remporter sur lui-même ces victoires qui semblent peu de chose et qui ravissent les regards des anges. Le violon avait été un goût de sa jeunesse ; un beau matin, il brisa les cordes de son instrument et renonça pour jamais à une distraction qui lui paraissait trop naturelle. Habitué à la tabatière, il voulut essayer de s'en priver ; il fallut que le médecin lui ordonnât d'y revenir, parce que sa santé réclamait l'usage de cette poudre, qui, plaisir pour le commun des mortels, était un remède pour lui.

Une après-dîner, il se promenait avec quelques élèves sous les arbres de la terrasse. Une pierre assez grosse, lancée par une main étourdie, lui tomba sur le bras d'une hauteur de douze à quinze mètres ; il la ramassa et dit à son voisin avec une simplicité charmante : « Si cette pierre fût tombée sur vous, elle vous aurait fait mal. » L'excellent homme ! les pierres ne lui faisaient pas mal, à lui !

* *

Mais, il faut dire adieu à cette mémoire que nous n'avons pas évoquée sans un doux tressaillement dans notre cœur d'élève de Saint-Jodard. Saint-Jodard! c'est le mot qui doit retentir le dernier dans cet éloge, car il fut le dernier des mots de la terre que murmurèrent les lèvres de M. Gardette. Ah! pourquoi le pinceau d'un artiste n'a-t-il pas fixé sur la toile un visage dont l'amour seul aujourd'hui conserve les traits? Comme un tableau qui le représenterait serait bien placé dans cette Maison! Ce serait l'image d'un père trônant au foyer de la famille, et dans ce tableau, s'il existait, nous voudrions voir peinte une scène qui, à notre avis, est sublime. Nous voudrions voir, agenouillé aux pieds du vénérable Cardinal-Archevêque de Lyon (1), M. Gardette qui, avec l'éloquence de ses cheveux blancs et de ses yeux en pleurs, demande la conservation des propriétés du séminaire de Saint-Jodard ; propriétés que l'oncle et le petit-neveu, dans leur prévoyance, mais un peu avec l'oubli du présent, avaient achetées et qu'il s'agissait de revendre pour combler le déficit momentané de la caisse. Inutile d'ajouter que l'avocat gagna sa cause.

Cette noble fonction d'avocat, il l'exerce encore, nous n'en doutons pas, dans les splendeurs de la gloire qui sera son éternelle récompense.

Oui, la chère Maison de Saint-Jodard continue à

(1) Mgr de Bonald.

être un doux souci pour votre âme, ô vénéré protecteur ! Nous pouvons dire, empruntant le langage des livres divins, que vous tenez les yeux ouverts sur elle et que votre cœur y habite toujours : *Erunt oculi mei et cor meum ibi*. Et ces yeux doivent être réjouis, ce cœur doit être heureux de ce que vous voyez.

Saint-Jodard, permettez-nous cette parole de légitime orgueil, Saint-Jodard n'est-il pas resté fidèle aux traditions qui ont environné son berceau ? N'a-t-il pas conservé cet esprit dont vous et votre admirable prédécesseur l'aviez pénétré dès sa naissance, esprit de règle, de simplicité et de travail ? Est-ce que vous ne vous reconnaissez pas dans vos fils ? Est-ce que les héritiers de votre charge n'ont pas aussi hérité de votre zèle et de votre dévouement ? Est-ce qu'ils ont laissé dépérir dans leurs mains cette œuvre arrosée de vos larmes et de vos sueurs ? Est-ce que l'arbre planté par vous, soigné par eux, n'a pas grandi, ne grandit pas toujours, ne s'épanouit pas en belles fleurs et en fruits magnifiques ?

Donc, ô tendre, ô bien-aimé père, merci pour le passé : il fut votre création et votre gloire. Merci pour le présent : il doit être une de vos joies, un des diamants de votre couronne. Merci pour l'avenir : il est notre espérance, il est celle de l'Eglise, et vous nous aiderez à faire de cette espérance une réalité.

# NOTES COMPLÉMENTAIRES

---



DE 1843 à 1869, trois ecclésiastiques justement estimés par leur mérite et leur intelligence, MM. Rullière, 1843-1846 ; Tamain, 1846-1856 ; Paret, 1856-1869, furent à la tête de cet établissement.

M. Rullière devint curé de la Madeleine, à Tarare ; M. Tamain, de Givors et de Villefranche-sur-Saône ; M. Paret, de Belleville et de Saint-Denis, à la Croix-Rousse, où il a joui d'une grande popularité au milieu de cette population ouvrière. En le nommant chanoine honoraire, le cardinal Caverot ne fit que se rendre au vœu le plus cher des paroissiens de ce saint prêtre.

M. Ollagnier, supérieur de 1869 à 1877, ne fut inférieur à aucun de ses prédécesseurs. Esprit laborieux et caractère élevé, en quittant Saint-Jodard, il a parcouru une honorable et active carrière : Successivement supérieur des Minimes, 1877-1882 ; chanoine titulaire, chancelier de l'archevêché et Doyen du Chapitre, 1882... Il a été remplacé à Saint-Jodard par M. Noyaux, auparavant directeur.

De 1828 à 1869, Saint-Jodard a eu une moyenne annuelle de 198 élèves. Il n'en avait que 139 en 1820 ; 162 en 1829 ; 135 en 1830 ; 150 en 1831 ; 162 en 1832 ; mais il en possédait 275 en 1865 ; 278 en 1866 ; 286 en 1867. Avec les temps moins heureux, il est revenu à 205 en 1883-1884 ; à 213 en 1884-1885 ; à 240 en 1888-1889.

De 1857 à 1882, ce petit séminaire a fourni 447 prê-tres, soit à peu près 18 par an, ce nombre, depuis 15 ans, dépasse 25.

Il est sorti de cette maison des évêques, de vaillants missionnaires, des professeurs distingués, des chré-tiens fermes, dont les mérites et les œuvres honorent, édifient et servent l'Eglise. Mentionnons le cardinal Villecourt, NN. SS. Gouthe-Soulard, archevêque d'Aix ; Thibaudier, archevêque de Cambrai ; Epalle, massacré en Océanie ; Dubuis, évêque de Galveston ; Néraz (d'Anse), évêque de San-Antonio ; Reynaud (de Sainte-Croix), évêque titulaire de Fussola, vicaire apostolique du Tché-Kiang (Chine) ; Durier (de Saint-Bonnet-des-Quarts), évêque de Natchitoches (Loui-siane) ; Carrie (de Propières), vicaire apostolique du Congo ; Blettery (de Saint-Bonnet-des-Quarts), pro-vicaire apostolique démissionnaire du Su-Tchuen oriental ; Chouzy, préfet apostolique du Kouang-Si, évêque de Pédnelisse ; Moreau, préfet apostolique de la Côte-d'Or (Guinée). Forest, évêque de San-Antonio (Texas) ; Mgr Dadolle, Vicaire Général et Recteur de l'Institut Catholique de Lyon.

M. Charrier, confesseur de la foi, en 1842-1843 ;
M. Béchet (de Lyon), martyrisé au Tonkin en 1883 ;
M. Manissol (de Saint-Romain-d'Urfé), massacré au
Tonkin en 1884 ; le Vénérable Bonnard, martyrisé
au Tonkin le 1er mai 1852; en 1846, le Père Jaquet,
tué et dévoré par les cannibales de l'île San-Christoval (Océanie).

MM. Goutelle et Chouzy, qui ont écrit de si intéres-
sants récits, l'un sur le Thibet, l'autre sur la Chine ;
l'abbé Cholleton, Jean, grand vicaire de Mgr de Pins ;
Claude Pavy, ancien grand vicaire d'Alger ; Fillon,
ancien vicaire général d'Oran ; Ardaine, supérieur de
la Solitude (Saint-Sulpice) ; le Père Colin, fondateur
et premier supérieur de la Société de Marie ; le Père
Martin, supérieur général actuel ; M. Gillibert, vicaire
général de Lyon ; M. Giraud, vicaire général de Pondichéry ; le Père Nicolet, mariste, promoteur de la
cause de béatification du Bienheureux Père Chanel ;
l'abbé Griffon, fondateur et directeur des Orphelinats
agricoles de Saint-Isidore de Seillon (Ain); Forestier,
provicaire apostolique des îles Samoa ; Rondy, pro-
vicaire apostolique du Coïmbatour (Indes); Perras,
vicaire général du Tché-Kiang (Chine).

Le chanoine Stanislas Laverrière, fondateur du
journal *Les Missions Catholiques ;* le Père Alexis
Arduin, trappiste d'Aiguebelle, auteur de la *Religion
en face de la science;* le Père Burnichon, jésuite, rédacteur des *Études Religieuses ;* le chanoine Chaffanjon,
auteur du *Crucifix ,* M. l'abbé Davin, chanoine de
Versailles, connu par ses travaux sur la Sainte
Ecriture et les antiquités chrétiennes.

MM. Meiller, docteur ès-lettres, professeur de littérature aux Facultés Catholiques de Lyon ; M. l'abbé Pion, docteur-médecin, chevalier de la Légion d'honneur et curé de St-Bonnet-de-Four (Allier) ; M. l'abbé Piat, docteur ès-lettres, agrégé de philosophie et professeur aux Facultés Catholiques de Paris, auteur de *l'Idée*, ouvrage couronné par l'Académie ; M. l'abbé Reure, docteur ès-lettres, professeur aux Facultés Catholiques de Lyon.

MM. Charles Garnier, rédacteur en chef de la *Décentralisation* et de la *Gazette du Midi* ; J. Guetton, ancien rédacteur de la *Décentralisation*, directeur du *Nouvelliste de l'Ouest*, à Nantes, de la *Gazette d'Auvergne* et de la *Gazette du Midi*, à Marseille ; Mehlin, ancien directeur du *Courrier de l'Isère* ; Turin, directeur de l'*Express de Lyon*, etc., etc...

> O bienheureux mille fois,
> L'enfant que le Seigneur aime,
> Qui de bonne heure entend sa voix,
> Et que ce Dieu daigne instruire lui-même !
> Loin du monde élevé, de tous les dons des cieux
> Il est orné dès sa naissance ;
> Et du méchant l'abord contagieux
> N'attire point son innocence,
> Heureux, heureux mille fois
> L'enfant que le Seigneur rend docile à ses lois !
>
> *Athalie*, Acte II, Scène ix.

# RELIGIEUX

ANCIENS ÉLÈVES OU PROFESSEURS DU SÉMINAIRE DE SAINT-JODARD

### RR. PP. BASILIENS

MM. FOUILLAND, de Montagny, 1858.
COHAS, des Salles, 1865.

### RR. PP. BLANCS DE N.-D. D'AFRIQUE

M. MALLEVAL (AIMÉ), de Lyon, 1860.

### RR. PP. CAPUCINS ou RELIGIEUX DE St-FRANÇOIS

MM. DELORME, d'Essertines-en-Donzy, 1844.
BARRALON, de Marlhes, 1846.
TERRASSON (J.-B.), de St-Etienne, 1849.
FOLÉAS, de Sauvessanges, 1863.
PLUVY, de Larajasse, 1864.
DONJON, de St-Germain-Laval, 1875.
SAPY, de St-Etienne, 1875.
TOGNY, de Lyon, 1876.
DEVAUX, de Mardore, 1877.
DUPAIN, de St-Maurice-en-Gourgois (Loire), 1898.
SABOT, de St-Etienne (Loire), 1899.

### RR. PP. CHARTREUX

MM. GUYONNET, de Joux, 1851.
DUFÉTRE, de Lyon, 1856.

### RR. PP. DE L'ŒUVRE DES COLONIES AGRICOLES

MM. GRIFFON (JEAN), de Joux, fondateur de l'orphelinat de
      Seillon, à Bourg (Ain), 1840.
      DONAT, de Vernaison, 1842, à Citeaux.
      BANCILLON, de Perreux, 1848, à Citeaux.
      GUILLERMAIN, de Ronno, 1848, à Citeaux.
      GUERPILLON, de Chevinay, 1865, à Citeaux.
      BONHOMME, de St-Martin-Lestra, 1867, au Sauget.
      GONDIN, de Lyon, 1863.

### RR. PP. DOMINICAINS

MM. BARBIER, de Chauffailles, 1864.
      ROSTAING, de Lyon, 1865.
      MERCIER, de Coutouvre, 1870.
      DÉBEUX, de Lyon, 1879.
      RICHARD, de Morez (Jura), 1889.
      LESTRAT, de Couzon (Rhône), 1890.
      MOTHON, de Lyon, 1868.
      DELORD JULES, de Panissières (Loire), 1895.
      ROBERT, de St-Etienne (Loire), 1896.

### RR. PP. JÉSUITES

MM. GUYON, de Régny, 1820.
      PEYRARD,       1826.
      MALLEVAL, de Tarare, 1844.
      DONJON, de Souternon, 1845.
      COQUET, de Nervieux, 1862.
      BURNICHON, de Blacé, 1864.
      VADOT, de Neulise, 1879.
      BABE, de St-Just-la-Pendue, 1875, à Adana (Cilicie).
      FOND, de St-Etienne, 1889, à Beyreuth.
      DALLERY (ETIENNE), du Coteau, 1890.

### RR. PP. LAZARISTES

MM. SIMONIN, de St-Vincent-de-Boisset, 1835, au Texas.
      PLASSE, de Belleroche, 1844, au Brésil.
      SOUCHON, de Dancé, 1845.
      GORGÉ, de Lancié, 1845, à Santiago.
      GONIN, d'Amplepuis, 1868.
      BAUDRAS, de Lyon, 1868.
      PÉRICHON, du Coteau, 1868.
      ROCHE, de St-Cyr-de-Favières, 1868.

MM. GALICHET, de St-Symphorien-de-Lay, 1870.
CHRISTOPHE, de Belleroche, 1871.
PRANEUF, de Tarare, 1872.
BENOIT, de St-Haon-le-Châtel, 1872.
JOANNIN, de St-Just-d'Avray, 1872.
BAJARD, de St-Etienne, 1872.

Mgr REYNAUD, de Ste-Croix, 1873 ; évêque de Fussola,
vicaire apostolique du Tché-Kiang (Chine).

MM. BRET, de Rive-de-Gier, 1873.
COLOMBET, de St-Romain-en-Gier, 1873.
MAGAT, de Poncins, 1873.
PERRAS, de Propières, 1874.
CHAUME, de St-Cyr-de-Favières, 1874.
FAVRICHON, de Roanne, 1874.
TORGUE, de Colombier, 1874.
RODET, de St-Symphorien-de-Lay, 1878.
REYNAUD, de Lyon, 1879.
CHAVANNES, de St-Chamond, 1880.

### RR. PP. MARISTES

MM. COLIN, de St-Bonnet-le-Troncy, fondateur de la Société
de Marie, 1815.
COLIN, frère aîné du fondateur, 1827.
CHATELUS, de St-Romain-d'Urfé, 1829.
VERGER, de Roanne, 1834.

Mgr EPALLE, de Marlhes, 1837 ; évêque de Sion, vicaire
apostolique de la Micronésie et de la Mélanésie, massacré aux îles Salomon (dans l'île Isabelle), 16 décembre 1845.

MM. EPALLE, frère aîné du précédent, entré dans la Société
en 1840.
CHOLLETON, vicaire général de Mgr de Pins, de St-
Marcel-de-Félines, 1836.
JACQUET (CL.-ANTOINE), de Belleville ; massacré et
dévoré par les sauvages dans l'île San-Christoval,
1847.
MARTIN, d'Amplepuis, 1841 ; supérieur général de la
Société.
COLIN, de St-Nizier-d'Azergues, 1841, neveu du fonda-
teur.
THIVEL, de Tarare, 1841.
RIVIÈRE, de Montagny, 1841.

GROSSELIN, de Cublize, 1842 ; mort aux îles Fidji, en
    1890.
SANLAVILLE, de Villefranche, 1849.
CHAMBOST, de Tarare, 1850.
GEORGES (ANTOINE), de Luré, 1856.
GEORGES, de Champoly, 1850.
JACOB, de St-Germain-Laval, 1856.
SOLY, de St-Forgeux, 1857.
DETOUR, de Villemontais, 1858.
BEAUJEU, de Montagny, 1852.
PLANUS, de Valsonne, 1859.
CHERVIER, de Thizy, 1856, Nouvelle-Zélande.
LAURENT, de Mardore, 1863.
GIRARD, de Champoly (Loire).
THILLIER, de St-Maurice-sur-Loire (Loire), 1856.
RAFFIN, de Cours, 1863, assistant du R. P. Général.
VEYRE, de St-Julien-Molin-Molette, 1863.
GRISAUD, de Tarare, 1870.
TERRAILLON, de Tarare, 1870.
REYNAUD, de Chavannay, 1871.
BOUCHER, de Lyon, 1874.
POY, de St-Galmier, 1874.
FORESTIER, de Juliénas, 1876.
DUMAS, de Lyon, 1877. Provincial de Paris.
PLASSE, de Ranchal, 1855.
SERVAJEAN, de St-Martin-de-Boissy, 1888.
DÉGOULANGE, de Renaison, 1899.
BUTIN, de St-Romain-d'Urfé, 1891.
MÉNADIER, de la Talaudière, 1895.
GONNET (ALEXIS), de Ranchal, 1896.
GONNET (CHARLES), de Ranchal, 1897.
CHERVIER, de Charlieu (Loire), 1896.
GAREL, de St-Martin-Lestra (Loire), 1895.
DÉNOYER, de St-Vincent-de-Rhins (Rhône), 1895.
LAPIERRE, de Montagny, 1896.
DESCHAMPS, de Villefranche (Rhône), 1896.
DUPINEY, de Lyon, 1897.
PERRIN, de Firminy, 1898.

### SOCIÉTÉ DES MISSIONS AFRICAINES DE LYON

MM. GONDIN, de Lyon, 1858.
    MOREAU, de Combres ; préfet apostolique de la Côte-
        d'Or de 1870 à 1880.

VERNAY, de St-Martin-Lestra, 1890.
CHABERT, de St-Etienne-les-Ollières, 1890.
VOUILLON, de Vaux, 1890.

## CONGRÉGATION DES MISSIONS ÉTRANGÈRES DE PARIS

MM. CHARRIER, de St-Just-en-Chevalet, 1832 ; emprisonné, flagellé et condamné à mort en 1843, délivré et mort en 1871.

GOUTELLE, de St-Christôt-en-Jarret, 1847, au Thibet.

Vénérable BONNARD, de St-Christôt-en-Jarret, 1848, décapité pour la foi au Tong-King Occidental le 1er mai 1852.

Mgr BLETTERY, de St-Bonnet-des-Quarts, 1849 ; évêque nommé et démissionnaire du Su-Tchuen Oriental (Chine), 1859, persécuté pour la foi.

MM. MANISSOL Ius (Claude), de St-Romain-d'Urfé.

MEUNIER, de Lyon, 1855.

GIRAUD, de St-Priest-la-Roche, 1856 ; vicaire général à Pondichéry.

DEJEAN, de Lyon, 1858, en Chine.

Mgr CHOUZY, de Panissières, 1859, au Kouang-Si ; évêque de Pédriclisse, préfet apostolique de Kouang-Si (Chine).

MM. BOUILLIER, de St-André-d'Apchon, 1860, Cochinchine.

CROS, de St-Maurice-en-Gourgois, 1860, Cochinchine.

THORAL, de Nandax, 1864, au Laos.

MURCIER Ius, de St-Bonnet-des-Quarts, 1866, Cochinchine.

DEUX, de St-Just-en-Chevalet, 1866, Tong-King.

RONDY, de Souternon, 1873, Coïmbatour (Indes-Orientales).

DESSALES, d'Amplepuis, 1874, à Siam.

CHAMBODUT Ius, de St-Just-en-Chevalet, 1874, au Su-Tchuen Occidental.

CHAFFANGEON, de Cleppé, 1879, Koui-Tchéou.

BAILLY, de Vivans, 1880, Su-Tchuen Septentrional.

DAMAIS, de Saint-Priest-la-Roche, 1880, Malacca.

JACQUET, de Clavei-solles, 1881, Japon Septentrional.

BÉCHET, de Lyon, décapité, 1882, Tong-King.

MIGNERY, de Nollieux, 1883, Pondichéry.

CHAMBODUT 2us, de Saint-Just-en-Chevalet, 1882, Kouangton.

MURCIER 2<sup>us</sup>, de Saint-Bonnet-des-Quarts, 1882, Kouangton.

REY, de Juliénas, 1882, Japon Septentrional.

GUERPILLON, de Saint-Forgeux, 1882, Coïmbatour.

MANISSOL 2<sup>us</sup> (Eugène), de Saint-Romain-d'Urfé, massacré au Tong-King en 1884.

VALFORT, de Vendranges, 1884, au Laos Tonkinois.

DURIER, de St-Bonnet-des-Quarts, 1885, Pondichéry.

MURCIER 3<sup>us</sup>, de Saint-Bonnet-des-Quarts, 1885, Kouangton.

CHAIZE, de Saint-Maurice-sur-Loire, 1887, Tong-King.

RISPAL, de Saint-Etienne, 1887, au Japon.

BAILLY, de Saint-Bonnet-des-Quarts, 1887, au Yunam (Chine).

BLANC, de Saint-Laurent-de-Chamousset, 1889, au Tong-King.

DESTHIEUX, de Beaujeu, 1890, au Sutchuen.

BURNICHON, de Ronno, 1890.

BONNEFOND, de Bussières, 1890.

COLLONGE, de Beaujeu, 1890.

BRUN, de Villerest, 1890, au Cambodge.

SEVE, de Lyon, 1890, en Birmanie.

MATRAT, à Siam, 1887, et reparti en 1892.

GRANGER, de Lafond (Rhône), 1895, au Tong-King.

FERRAD (Pierre), de Lyon, 1892, mort avant le départ.

FERLAY, de Thizy (Rhône), à Siam.

CHAUMARTIN, de Sainte-Colombe (Rhône), 1898, au Maïssore.

GRISARD, de Saint-Etienne (Loire), 1898, en Corée.

BRUN, de Saint-Just-d'Avray (Rhône, 1896.

CHAMELIÈRE, de Saint-Just-la-Pendue, 1898.

MONTAGNY, de Sainte-Catherine-sous-Rivière, 1898, mort avant le départ.

### RR. PP. OBLATS DE MARIE

M. BATAYRON, de Lyon, 1876, à Jaffna, Ceylan.

### RR. PP. OBLATS DE SAINT-FRANÇOIS-DE-SALES

MM. CANNET, de Saint-Just-d'Avray, 1882.

BRAGARD, de Saint-Just-la-Pendue, 1883.

AUBONNET, de Lagresle, 1889.

QUIBLIER, de Saint-Sauveur, à Riobamba, République de l'Equateur.

### RR. PP. DE NOTRE-DAME-DU-LAUS

M. JUGE (Henry-Adrien), de la Grave (Hautes-Alpes), 1860.

### RR. PP. PRÉMONTRÉS

MM. VIGNON, de Villefranche, 1847.
LACHAL (Ant.), de Saint-Etienne, 1890.

### RR. PP. RÉDEMPTORISTES

MM. THOLINS 1us, de Saint-Symphorien-de-Lay, 1873.
THÉLIS, de Cordelles, 1874.
THOLINS 2us, de Saint-Symphorien-de-Lay, 1883.
DUNY, de Saint-Etienne, 1884.

### RR. PP. DU SAINT-ESPRIT ET DU SAINT-CŒUR DE MARIE

M. SIMONET, de Propières, 1845.
Mgr CARRIE, de Propières, évêque de Dorylée, vicaire apostolique du Congo français, 1865.
M. DUBOURG, de Saint-Germain-Laval, 1870.

### SOCIÉTÉ DE SAINT-IRÉNÉE DE LYON

M. SEYTRE, curé d'Ecoches (Loire).
Mgr POYET, secrétaire du Patriarche de Jérusalem, 1836.
MM. MARDUEL (Joseph), 1837.
LARUE, d'Ecoches, 1838.
SEYTRE (Etienne), de Ruthiange, 1838.
GRANGÉ (Benoit), de Lyon, 1840.
MICHAUDON, de Saint-Christophe-la-Montagne, 1840.
Mgr THIBAUDIER, de Millery, archevêque de Cambrai, 1842.
MM. BÉLICARD, de Lancié, 1844.
CHEVENIER, de Saint-Symphorien-de-Laye, 1845.
MELLIER, de Saint-Etienne, 1845.
VIMOR, de Noirétable, 1846.
VERGIAT, de Chirassimont, 1847.
BROSSE, d'Ambierle, 1849.
PÉROUSSET, de Charlieu, 1851.
PERRA, de Saint-Loup, 1851.
MARTIN, de Lyon, 1852.
LOUIS, de Haute-Rivoire, 1854.
ROBERT, de Cordelles, 1855.
LARDEY, de Charentey, 1856.
AUBLANC, de Saint-Clément-de-Vers, 1858.
ACCARY, de Lyon, 1862.

MM. FLANDRIN, de Lyon, 1863.
VERNAY, de Lyon, 1863.
GUY, de Lyon, 1864.
JULIEN, de Lyon, 1864.
VACHER, de Lyon, 1864.
COILLARD, de Vaux, 1864.
PALEY, de Bussières, 1865.
POULARD, de Panissières, 1865.
REURE, de Saint-Martin-d'Estréaux, 1867.
AUBERT, du Coteau, 1868.
CASTAN, de Charlieu, 1869.
DENUZIÈRE, de Rive-de-Gier, 1869.
FOUILLAND, de Saint-Martin-d'Estréaux, 1870.
CARICAND, de Rive-de-Gier, 1872.
PATHORET, de Bully (Loire), 1872.
THIBAUDIER, de Millery, 1875.
BRÉCHARD, de Saint-Germain-la-Montagne, 1879.

## SOCIÉTÉ DE SAINT-SULPICE

MM. ARDAINE, de Charlieu, 1821.
CHAPON, de Cours, 1856.
VIGNON, d'Amplepuis, 1862.
LAFAY (Paul), de Saint-Marcel-de-Félines, 1877.
AUBONNET, de Saint-Just-d'Avray, 1867.
LAFAY (Joachim), de Saint-Marcel-de-Félines, 1863.
BERTHELIER, de Saint-André-d'Apchon, 1877.
BRUNEAU, de Saint-Galmier, 1890.
BELZIT, de Saint-Symphorien-de-Lay (Loire), 1894.
OLLIER, de Saint-Etienne (Loire), 1894.

## RR. PP. TRAPPISTES

MM. RIVAUX, de Saint-Just-en-Chevalet, 1820.
CHANNELIÈRE, de Lyon, 1867.
ARDUIN, d'Amplepuis, 1868.
DEVAUX, de Belmont, 1868,
DUBŒUF, de Saint-Martin-Lestra (Loire), 1894.

## ASSOMPTIONNISTES

M. TISSOT, de Lyon, 1820, en Australie.

*EUNTES ERGO, DOCETE OMNES GENTES*

(Matt. XXVIII. 19.)

---

# MISSIONNAIRES

### SORTIS DU SÉMINAIRE DE SAINT-JODARD

#### MISSIONS D'ASIE

MM. CHARRIER, de St-Just-en-Chevalet, 1832 ; confesseur de la foi en 1843 au Tong-King Occidental, mort à Paris, 1871.

GOUTELLE, de St-Christôt-en-Jarret ; parti en Chine au Yunnam, 1847, envoyé au Thibet, 1850.

Vénérable BONNARD, de St-Christôt-en-Jarret, 1848 ; décapité pour la foi, 1852, Tong-King Occidental.

Mgr POYET, de St-Germain-Lespinasse, 1852 ; secrétaire du Patriarche latin, Terre-Sainte, à Jérusalem.

MM. MORETAIN, de St-Germain-Lespinasse, 1852 ; Jérusalem.

GIRAUD, de St-Priest-la-Roche, 1856 ; vicaire général à Pondichéry (Indes-Orientales).

MANISSOL, de St-Romain-d'Urfé, 1856, en Malaisie ; mort en 1881.

MEUNIER, de Lyon, 1856 ; mort en route pour la Chine.

BLETTERY, de St-Bonnet-des-Quarts ; évêque nommé de Zéla, vicaire apostolique du Sutchuen Oriental, en Chine, persécuté pour la foi, parti en 1859. Après avoir administré un an le vicariat, a renvoyé ses bulles.

Mgr  CHOUZY, de Panissières, 1860 ; évêque de Pednclisse, vicaire apostolique du Kouang-Si (Chine).

MM.  CROS, de St-Maurice-en-Gourgois, 1866, en Cochinchine Septentrionale, 1870.

BOUILLIER, de St-André-d'Apchon, 1866, Cochinchine Occidentale.

DEUX, de St-Just-en-Chevalet, 1867, Tong-King Occidental.

MURCIER 1us, de St-Bonnet-des-Quarts, 1867, Cochinchine Orientale, mort en 1870.

DEJEAN, de Lyon, 1867, au Kouang-Tong ; persécuté.

THORAL, de Nandax, 1870, Tong-King Occidental, Laos ; mort en 1881.

RONDY, de Souternon, 1873, à Coïmbatour (Indes-Orientales).

DESSALLES, d'Amplepuis, 1874, à Siam.

CHAMBODUT 1us (JOSEPH), de St-Just-en-Chevalet, 1874, au Sutchuen Occidental.

Mgr  REYNAUD, de Ste-Croix, 1875 ; évêque de Fussola, vicaire apostolique du Tché-Kiang, persécuté pour la foi.

MM.  BATAYRON, de Lyon, 1876, île de Ceylan, à Jaffna.

JOANNIN, de St-Just-d'Avray, 1878, au Tché-Kiang (Chine).

CHAFFANGEON, de Cleppé, 1879 ; dans le Kouy-Tchéou, persécuté, 1884.

PERRAS, de Propières, 1879, Tché-Kiang ; persécuté, 1884.

DAMAIS, de St-Priest-la-Roche, 1880, presqu'île de Malacca.

BAILLY, de Vivans, 1880, au Sutchuen Occidental.

JACQUET, de Claveisolles, 1881, Japon Méridional.

BÉCHET (GASPARD), de Lyon, 1882, Tong-King Occidental ; décapité, 1883.

CHAMBODUT 2us (CLAUDE), St-Just-en-Chevalet, 1882, au Kouang-Tong.

MURCIER 2us, St-Bonnet-des-Quarts, 1882, au Kouang-Tong (Chine) ; persécuté, mort en 1890.

REY, de Juliénas, 1882, Japon Septentrional.

MIGNERY, de Nollieu, 1882, Pondichéry (Indes-Orientales).

GUERPILLON, de St-Forgeux, 1882, Coïmbatour (Indes-Orientales).

MM. MANISSOL (Eugène), de St-Romain-d'Urfé, 1883, Tong-
King Occidental ; massacré en 1884.
BABE, de St-Just-la-Pendue, 1883, jésuite, à Adana en
Cilicie (Syrie).
VALFORT, de Vendranges, 1885, Tong-King Occiden-
tal, au Laos.
MATRAT, de St-Etienne, à Siam, 1887 et 1892.
MURCIER 3us, de St-Bonnet-des-Quarts, 1885, au
Kouang-Tong (Chine).
CHAIZE, de St-Maurice-s.-Loire, au Tong-King Occi-
dental, 1889.
PLUVY, de Larajasse, à Aden, 1890.
BAILLY, de St-Bonnet-des-Quarts, 1891, au Yu-Nam
(Chine).
MM. COLLONGE, de Beaujeu, 1891, au Kouang-Si (Chine).
BONNEFOND, de Bussières, à Pondichéry.
RISPAL, de St-Etienne, 1891, au Japon Septentrional.
BLANC, de St-Laurent, au Tong-King Méridional.
DESTHIEUX, de Beaujeu, au Sutchuen.
BRUN, de Villerest (Loire), au Cambodge.
SÈVE, de Lyon, en Birmanie.
MATRAT, de St-Etienne (Loire), à Siam.
GRANGER, de Lafond (Rhône), au Cambodge.
FERLAY, de Bourg-de-Thizy, à Siam.
CHAUMARTIN, de Ste-Colombe-lès-Vienne (Rhône), à
Bangalore.
GRISARD, de St-Etienne, en Corée.

### MISSIONS D'AMÉRIQUE

MM. SIMONIN, de St-Vincent-de-Rhins, 1835, Texas.
ROBERT (J.-M.), de Cordelles, en Amérique, 1836.
LUNEL (Cl.), de Champoly ; missionnaire de Mgr Fla-
get, en Amérique (Etats-Unis), 1840.
CÉNAS, de Lyon, 1841, Nouvelle-Orléans (Etats-Unis).
CORGÉ, de Lancié, 1850, Santiago (Chili).
CHAMBODUT, de St-Just-en-Chevalet ; vicaire général
de Galveston, 1844, mort en 1881.
Mgr DUBUIS, de Coutouvre, 1845, évêque au Texas (Gal-
veston).
Mgr NÉRAZ, d'Anse, 1848, évêque de San-Antonio
MM. SIMONET, de Propières, 1848 ; d'abord 15 ans de Sé-
négambie, ensuite à Haïti (Antilles).
PLANCHET, de Jonzieux, 1852, Texas.

MM. DUMAS, de Champoly, 1852, Texas.

GARDET, de Montagny, 1852, vicaire général de San-Antonio, Texas.

MONIER (Jean), de Juré, 1852, Texas.

DUPERRAY, d'Amplepuis, 1852, Texas.

THILLIER, de St-Maurice-sur-Loire, 1852, Texas; mort dans sa famille.

METTON, de Pinay, 1853, Nouvelle-Orléans; mort en arrivant dans sa mission.

Mgr DURIER, de St-Bonnet-des-Quarts, 1855, Nouvelle-Orléans, évêque de Natchitoches (Louisiane).

MM. AUGAGNEUR, de Claveisolles, 1855, mort au Texas.

VALOIS, de St-Marcel-d'Urfé, 1855, Santa-Fé, au Mexique.

VERMARE, des Sauvages, 1855, Santa-Fé, au Mexique.

JACQUET, de la Pacaudière, 1856, Nouvelle-Orléans.

JACQUET, de St-Bonnet-des-Quarts, Cincinnati, Ohio, 1856.

FARGE, de Néronde, 1857, Texas; mort à San-Antonio.

DUMOULIN, de Cours, 1858, Laredo, Texas.

FORÊT, de St-Martin-la-Sauveté, 1864, évêque de San-Antonio, au Texas.

LASSEIGNE, de Chérier, 1862, Santa-Fé, Mexique.

BIGAT, de Lyon, 1860, mort au Texas.

FORGE, de Roanne, 1860, Nouvelle-Orléans.

GUTTON, de Lyon, 1860, Nouvelle-Orléans.

DAVID, de Lyon, 1860, au Texas, mort en 1861.

CHAPON, de Cours, 1860, Baltimore (Etats-Unis).

GOURGAUD, de Jonzieux, 1868, île de la Guadeloupe.

TRUCHARD, de Souternon, 1868, Texas.

THYON, de Belmont, 1869, Texas.

MARILLER, de St-Georges, 1870, Santa-Fé.

FERRA, de Lyon, Texas.

BADELON, de Lyon, 1870, Texas.

BRANCHE, d'Ambierle, 1871, Nouvelle-Orléans.

PLASSE, de Belleroche, 1875, Brésil; mort.

TRONCY, de Belleroche, 1875, Texas.

BARLEMANN, d'Amérique, 1876, au Texas; mort.

BENOIT, de Renaison, 1878, Brésil; mort.

COLOMBET, de St-Romain-en-Gier, 1878, Brésil.

DÉNOYEL, de Pinay, 1869, Nouvelle-Orléans.

MM. BRET, de Rive-de-Gier, 1879, Brésil.

MAGAT, de Poncins, 1879, Brésil.

BUFFARD (Théodore), vicaire général et administrateur de Galveston, 1879, Texas.

THÉLIS, de Cordelles, 1883, Chili.

GRANGER, de St-Nizier-d'Azergues, 1885, Texas.

SOUCHON, de Crémeaux, Brownsville, 1885 ; mort au Texas.

QUIBLIER, de St-Sauveur, dans l'Equateur, à Riobamba, 1889.

LANGLOIS, de Rive-de-Gier, 1887, à la Nouvelle-Orléans.

DESMOLLIÈRES, de Neulize (Loire), 1888.

BRUNEAU, de St-Galmier (Loire). 1897.

BUTIN, de St-Romain, 1895.

## MISSIONS D'AFRIQUE

Mgr CARRIE, de Propières ; évêque de Dorylée, vicaire apostolique du Congo français, 1867.

MM. MALLEVAL (Aimé), de Lyon, 1860, à Tunis.

BAUDRAS, de Lyon, 1863, Abyssinie.

MOREAU, de Combres, préfet apostolique de la Côte-d'Or, 1875.

DUBOURG, de St-Germain-Laval, 1877, au Gabon, mort en 1880.

VOUILLON, de Vaux (Rhône), 1895.

CHABERT, de Vaux (Rhône), 1895.

## MISSIONS D'OCÉANIE

M. TISSOT, de Lyon, assomptionniste, en Australie.

Mgr EPALLE, de Marlhes, 1836 ; évêque de Sion, 1er vicaire apostolique de Mélanésie et de la Micronésie, dans l'Océanie Centrale, massacré par les sauvages de l'île Isabelle, du groupe de Salomon.

MM. GROSSELIN, de St-Nizier-d'Azergues, 1839, Fidji ; mort en 1890.

CHATELUS, de St-Romain-d'Urfé, 1840, Nouvelle-Calédonie.

JACQUET (Claude-Antoine), de Belleville, 1856 ; massacré et dévoré par les sauvages en 1847 dans l'île de San-Cristoval, groupe des îles Salomon.

CHERVIER, de Thizy, 1859, Nouvelle-Zélande.

MM. FORESTIER, de Juliénas, 1884, pro-vicaire apostolique,
aux îles Samoa.

SERVAJEAN, de St-Martin-de-Boisy (Nouvelle-Zélande), à Napier ; parti en 1890.

PLASSE, de Ranchal, à la Nouvelle-Calédonie, 1891.

MÉNADIER, de la Talaudière (Loire), 1897, Nouvelle-Calédonie.

# MAITRES

1828-1899 (1)

———



MM.

GARDETTE (Gaspard), (supérieur), MOYNE (directeur), ROBERT, DELANGLADE, RIMAUD, DEMONCEAU, GONINDARD (laïc), DURAND, COULAS, BOUGY, SONNERY, PEYRON (laïc), LAGOUTTE (laïc), RUARD, PEYTEL, REVOL, BRUXELLES, GAURAND, MEY, VILLE-MAGNE, CATTON, VIRICEL, GIRAUD, MARDUEL, RICHARD (directeur), ARDAINE, CHABRILLAC, CHAVASSIEUX, CHATELUS, FICHET, MATRAT, CHEVIGNON (directeur), ECHALIER, FAURÉ, PUPIER, FÉLIX, COLAS, NICOLAS, JOLY, MATHEVET (directeur), CHADET, GARNIER, PERRIN, GARDET, SYVETON, GUYONNET, COURTOIS, VILLERD, GARDETTE (Pierre), DÉCHELETTE, DELAY, RULLIÈRE (supérieur), LAURIN, SEIGNOL, LONGIN, DAVID, TOURNUS, COU-DOUR, FAYOT, VERDELET, CLAVELOUX, TAMAIN (supérieur), REUIL, FOURNEL, GONDARD, BRAT, CHAVANNE, DISSARD (laïc), VIAL, CHEVALET, JAILLET, MILOU, DUFOUR (laïc), DEZAIE, GUILLOT, LIOGIER, BÉNY, PÉRIER (laïc), RAYMONDON (directeur), COLIER, MICOD, PERRIN, BARTHOLET, MICHALET (Jérôme), PARET (supérieur), GILET, NOYAUX, LAVALLÉE, MICHALET (Charles), MARTHOUD, REYGNIER, AUBERT (directeur), MOREL, GRIMAUD, CONNY, VACHER, GONDIN, BLANC, BRIDAY, PARRET (Pierre), PUPIER, JOYE, CHATAIGNIER, LAURENT, PERROTON,

———

(1) De 1795 à 1827, on n'a pu retrouver les noms, toutes les listes ayant disparu dans l'incendie de 1827.

ARDUIN, DE SAINT-JEAN, LAPRAS, PASCAL, LAFOND, ROUCHOUSE, GRANGER, SERVEJEAN, DUPRÉ, OLLAGNIER (supérieur), NOYAUX (directeur), PICARD, GRENIER, DUMAS, VINDRY, BERERD, LAURENT, PROST, JOURLIN, CHATELET, DECHAVANNE, FAURE, DUBUIS, CHERBUT, SENNARD (laïc), FERRIOL, BRUNON, JOLIVET, NOYAUX (supérieur), DUMAS (directeur), DIOT, PRUDHOMME, PATURAL, PERROTON (directeur), PÉRICARD (laïc), sœur SAINT-DAVID, MASSON, GUY (directeur), MEILLAND, LIVET, PIZAY, ROFFAT, GRANOTTIER, BASSET, RELAVE, MOIROUD, DUPUIS, SEITZ (laïc), DIDIER, LINOSSIER, COULEUVRIER (laïc), NOIROT (laïc), LOUIS, BONNARD, DIDIER (Claudius), BENOÎT, CHAMPROMIS, CHARLES, BELUZE (laïc), MANIN, SEYVE, MATRAT, BACCOT (laïc), MOIROUD (directeur), FAVIER, DURY, LACOMBE, DUBOIS, DÉAL, BOURGANEL, FARIZON, GISCLON, BERTRAND, CUISSON, MOTTE, LETRÈVE, PRAT, ROMAGNY, DURAND, TILLON, CRÉGUT, VERRIÈRE, FLEURY, RIVIÈRE, DESTHIEUX.

L. J. C.

« Qui docti fuerunt, fulgebunt quasi splendor firmamenti. » D. XII. 3.

« Ceux qui auront été instruits dans la loi de Dieu, et l'auront observée fidèlement, brilleront comme les feux du firmament. » Daniel XII. 3.

Lyon, imp. M. Paquet, rue de la Charité, 46.

www.ingramcontent.com/pod-product-compliance
Ingram Content Group UK Ltd.
Pitfield, Milton Keynes, MK11 3LW, UK
UKHW021748090726
13657UKWH00002B/1000